目录

contents

推荐序　良知很单纯

曹岫云先生是我50余年的好友。2006年我曾为曹先生的《稻盛和夫的成功方程式》一书写过推荐序。曹先生是国内阐述和传播稻盛哲学的第一人。

最近，我读了曹先生近作《稻盛哲学与阳明心学》，一番感慨，几度落泪。应曹先生之邀，我再次作序推荐。

我觉得，曹先生把阳明心学和稻盛哲学对比着谈，清晰、实在、深刻，令人动容。但是，曹先生自己认为，这本书中的得意之笔是“龙场大悟是从哪里来的”这一节。

曹先生说：能够描绘王阳明先生龙场大悟时的心态，与自己人生中的挫折有关。这个挫折成了自己的终身财富，太值得感谢了。

在“文化大革命”中，有难以计数的干部、知识分子和各色人等受到冲击。其中有人默默忍受，有人消沉甚至自杀。

但曹先生采取了完全相反的态度。在“文革”后期所谓“清查 5 · 16”的运动中，他也遭受了冤屈。但他不卑不亢、固若金汤、据理力争、不屈不挠的态度，甚至赢得了审查方的尊重。

曹先生说：后来他被列为“保护对象”，不再受批判。于是他静下心来精读《毛泽东选集》(四卷)。后来又有机会细读《共产党宣言》《哥达纲领批判》《法兰西内战》《反杜林论》《国家与革命》《唯物主义和经验批判主义》六本马列主义经典著作。

曹先生说：“这六本书虽然读不太懂，但我沉下心来，如饥如渴。说得不谦虚一点，我了解一点点马列主义的皮毛。”

曹先生说：“事实就是事实，对的就是对

的。良知很单纯，只要诚恳实践就行，‘百术不如一诚’，做人需要这种简单的信念。”

我与曹先生交往了50余年，我觉得曹先生是一位具有强烈正义感的人，是一位积极思考问题、不懈追求真理的人。他不仅仅把阳明心学、稻盛哲学作为学问研究，而且他一直在努力实践“利他哲学”，兢兢业业致良知。这才是最可贵的。从《稻盛哲学与阳明心学》一书中，你就能读出这一点。

曹先生一再强调自己是微不足道的。这个世界其实很单纯，每个人的人生也很单纯。每个人都可以获得一份属于自己的成功和幸福，从现在开始就可以。只要认真“致良知”，切实践行“利他哲学”就够了。

江南客

2019年1月于无锡

自序 三生有幸

“三生有幸”是我近年来越来越强烈的感觉，而最近几个月，又是我感觉“三生有幸”最强烈的时候。因为写《稻盛哲学与阳明心学》这本书，我天天与阳明先生[①]和稻盛先生[②]相伴，时时刻刻沉浸在他们的思想里，乐而忘忧，不知老之已至。两位哲人的思想让我经常有小小的灵感闪现，正是这些灵感催生出我的文字，我甚至觉得，是阳明先生和稻盛先生在催我写、教我写、帮我写。

阳明先生是我最喜欢的一位古人，读他的《大学问》让我沉醉，读他的《瘗旅文》（瘗 yì，埋葬）让我流泪。阳明心学深入到我的骨髓。

稻盛先生是我最喜欢的一位外国人，我有

幸常与他见面。我翻译了他的20部著作，但最近在翻译他的《讲演选集》时，我仍然会感动激动，禁不住拍案叫绝。

稻盛哲学用一个字表达就是“爱”；用两个字表达就是“利他”；用三个字表达就是“致良知”；用四个字表达就是“敬天爱人”；用五个字表达就是“为人民服务”。这五种说法本质相同。但在这五种说法中，我个人最喜欢“致良知”这三个字。

“致良知”这三个字高妙至极。我认为，“致良知”不仅是阳明心学的灵魂，而且是中华传统文化的精髓。后面，我将会讲到，稻盛哲学可以归结为“敬天爱人”四个字。所谓“敬天”就是把天理良知作为判断事物的基准，这与阳明先生的“致良知”完全是一回事。

2013年10月14日，稻盛先生接受中央电视台的记者采访，在谈到受中国古代圣贤的影响时，稻盛先生说：

“核心的一条就是‘致良知’，就是达至良知，按良知办事。‘良知’在日本叫‘良心’，用我的话叫‘真我’，真正的我就是‘良知’。遵循良知判断事物，我认为这是绝对性的东西。到达良知的境界，将良知付诸实行，就是至今我所有事业成功的最大的原因。”

阳明先生是影响近代日本最大的中国人，除了中江藤树等一批日本阳明学者之外，明治维新的两位功臣西乡隆盛和大久保利通都是阳明先生的“粉丝”。西乡隆盛说“修心炼胆，全从阳明学而来”。现在，在日本盛和塾中，就有企业把“致良知”三个字作为社训；还有把“实现良知经营”作为公司经营理念的企业。

稻盛先生是日本人中对中国企业家影响最大的人。中央电视台采访了他 7 次；中共中央党校邀请他讲演；中日友好协会授予他“中日友好使者”的称号；中国企业家中的“稻盛粉丝”已经超过 4500 人；稻盛先生的中文版书籍印量已近1000万册，仅《活法》一书，销量已近370万册，有一位企业家2016年一次就买了10万册。2006年5月，我在著书中称稻盛先生是“经营之圣，人生之师”；2013年10月在盛和塾成都大会期间，我赠给稻盛先生的对联是“唐代鉴真东渡日本传汉文，今朝稻盛西飞中国授哲学”。此话真实不虚。

稻盛哲学是“现代版心学”。稻盛哲学又叫“京瓷哲学”，《京瓷哲学》一书的第一章第一目就叫“提高心性”。而其第一目的第一条是“与‘宇宙的意志’相协调之心”；第二条是“爱、真诚及和谐之心”；第三条是“以纯洁的心灵描绘愿望”；第四条是“拥有坦诚之心”；第五条是“必须始终保持谦虚之心”；第六条是“怀有感谢之心”。而第二章的标题就叫“经营要诀”，而其第一目就叫“以心为本的经营”。可见稻盛哲学就是“心学”，也可叫“企业版心学”。

王阳明时代，中文里还没有“哲学”这个词。阳明心学在日本被称为“阳明学”或“阳明哲学”。从世界视野来说，统一用“哲学”这个词，或许更容易让现代人接受吧。

阳明哲学和稻盛哲学本质上是同一种哲学。这种哲学的核心十分简单，用稻盛先生回答中央电视台记者的话来说，就是“致良知”三个字。

阳明先生是古人，阳明时代用的是文言文，我们一般人读起来很费劲，哪怕有译文，许多地方仍然读不懂。阳明时代还没有企业的概念，当然更没有企业经营的哲学和实学。稻盛先生是今人，是企业经营者，现在还健在。他讲的都是大白话，初中生都能读懂。在他著作的字里行间，跃动着活的灵魂，而传神的译文有阅读快感。如果能把稻盛先生的事迹，以及其中贯穿的思想哲学，同阳明心学认真对照阐释，或许有助于大家更好地理解阳明心学，更好地古为今用。本书在这方面也想做一点尝试。

最近两百多年来，科学技术日新月异，特别是近年来进入移动互联网、智能机器人时代，科学技术更是突飞猛进。但是，如果人类的精神文明总是跟不上科学技术发展的步伐，那么，人类就会陷入深刻的迷茫，陷入空前的危机。稻盛先生有一本对话集，书名叫《拯救人类的哲学》——拯救人类，归根到底要靠“利他哲学”。

利他哲学或称良知哲学，是救世的哲学，是拯救人类的哲学。500多年前的阳明先生，就已经有了这个见识。他说：“仆诚赖天之灵，偶有见于良知之学，以为必由此而后天下可得而治。”用良知之学治天下，同用利他哲学拯救人类是一个意思。可见阳明先生具备何等高瞻远瞩的信念。

我认为，王阳明的“致良知”学说，正

是可以贡献于全世界的、值得中国人引以为豪的、中华优秀文化的精华。

阳明先生身兼政治家、军事家、哲学家、教育家、文学家、诗人，前代未闻；稻盛先生集科学家、企业家、哲学家、教育家、宗教家、慈善家于一身，举世罕见。两人的共同点是：都是哲学家，并且都是不遗余力地传播良知哲学的教育家。

然而，比这个“家”、那个“家”更重要的共同点是：阳明先生和稻盛先生都是大好人，他们彻底追究正确的为人之道，并终生努力实践。换句话说，他们都把与生俱来的良知发挥到了极致，成为一个高尚的人、一个纯粹的人、一个有道德的人、一个摆脱了私利私欲束缚的人、一个有益于人类的人。

正因为摆脱了私利私欲的束缚，精神获得解放，心灵获得自由，他们才能一心不乱，把自己的全部力量和智慧投入到事业中去，才能创造惊人的功绩，才能创造传世的哲学，成为所谓圣人级别的人物。

我们都是凡人，但是，在“致良知”这一关键点上，我们完全可以向圣人看齐。我们的良知并不比圣人少一分，不比圣人差一点。只要我们像阳明先生和稻盛先生一样，拼命努力，把自己本来就具备的良知发扬光大，我们的潜力就能迸发出来，就能取得连我们自己也难以想象的业绩，我们就能够向圣人靠拢，哪怕是靠拢一小步。同时，社会就一定会变得更加美好。

读完这本书，如果您认同我的观点，并在您的工作和人生中尽力发挥出您本有的良知，发挥出您无限的潜力，信心满怀，走向成功和幸福，我将感到非常荣幸。

① 王阳明（1472—1529），原名王守仁，字伯安，浙江绍兴府余姚县（今属宁波余姚）人，因被贬贵州时曾于阳明洞（今贵阳市修文县）学习，世称阳明先生。是我国明代著名的文学家、哲学家、思想家、政治家和军事家，“心学”流派的重要代表人物，深谙儒家、道家、佛家之精妙，乃“陆王心学”之集大成者。其学术思想不仅影响了中国，而且波及日、韩等东亚国家，成为东方文化的重要组成部分。

② 稻盛和夫，1932 年出生于日本鹿儿岛。毕业于鹿儿岛大学工学部。1959 年创办京都陶瓷株式会社（现在的京瓷公司）。1984 年创办第二电电株式会社（现名 KDDI，是仅次于日本 NTT 的第二大通信公司）。这两家企业都进入过世界 500 强。2010 年出任日本航空株式会社会长，仅仅一年就让破产重建的日航大幅度扭亏为盈，并创造了日航历史上最高的利润。这个利润也是当年全世界航空企业中的最高利润。现任京瓷名誉会长、KDDI 最高顾问、日航名誉顾问。1983 年创办盛和塾，向企业家塾生义务传授经营哲学，现在全世界的盛和塾塾生已超过 10000 人。1984 年创立“稻盛财团”，同年设立了一个像诺贝尔奖一样的国际奖项——“京都奖”。

第一章　不谋而合　殊途同归

1. 异曲同工——致良知和敬天爱人

记得在2012年前后，有一位研究阳明心学的朋友向我提出一个要求，要求我当面问一下稻盛先生，是否读过《传习录》，有没有学习过王阳明的心学。后来我当面请教了稻盛先生，稻盛先生说他没有读过《传习录》，也没有研究过阳明心学。我对稻盛先生说：阳明心学的核心思想是“致良知”，这同您的“敬天爱人”思想，同您的判断基准“作为人，何谓正确？”完全是一回事。所谓“致良知”，就是把良知发挥到极致，也就是事事都要对照天理良知做出判断。因此，您的“敬天爱人”的“判断基准”同王阳明的“致良知”说法虽然不同，但意思完全一样。

我翻译了稻盛先生的20部著作以及20多次讲演文稿，还读过他没有公开出版的多达几百次的讲演讲话稿。其中确实很少提及王阳明和阳明心学。孔子、孟子、老子的名句格言，乃至《菜根谭》《呻吟语》等中国故典中的名句格言，稻盛先生经常引用，特别是《了凡四训》中有关命运和因果法则的故事和观点，稻盛先生十分喜爱。不仅在盛和塾，而且在几十次的市民讲座中，他逢会必讲。

为什么了凡先生讲得多，阳明先生少有提及呢？后来我才知道，有一位日本著名的汉学家在把《了凡四训》的主要内容翻译成日文时，用《知命和立命》这个题目，把《了凡四训》的精髓用通俗的语言解释得一清二楚。稻盛先生从年轻时就开始思考“人生是什么”的问题，并执着地追求问题的答案。在《了凡四训》中，那位“云谷禅师”具备大智慧，他一语道破：人生不仅是由命运，更是由因果法则决定。“心有灵犀一点通”，《了凡四训》中这段话解开了稻盛先生长久以来的心结。稻盛先生如获至宝。

而有关阳明心学的日文译本，我也买过几本，但读起来很吃力，结果一本也没能读完。稻盛先生是个大忙人，虽然喜欢读书，特别是宗教和哲学方面的书，但《传习录》中有许多解读两千多年前的四书五经的内容，消化理解劳神费力，文言文的中文版我们读起来就不轻松，何况日文版。所以稻盛先生作为一个繁忙的企业家，没有机会研究高度学问化的阳明心学，是完全可以理解的。

但是，日本明治维新的第一功臣西乡隆盛在流放坐牢期间，在艰苦卓绝的条件下，苦读阳明心学，深得其要领，以至在后来的维新事业中大显身手。西乡隆盛是稻盛先生在鹿儿岛的同乡先辈，更是他心目中的大英雄，稻盛先生把西乡隆盛的人生信条“敬天爱人”作为京瓷公司的社训。稻盛先生曾经浓墨重彩、精心解读过西乡的《南洲翁遗训》。从这个意义上讲，阳明、西乡、稻盛在精神上可以说一脉相承。

稻盛先生把阳明先生的“良知”称为“真我”。稻盛先生把“心”分为本能心、感觉心、感情心、理性心和灵性心，灵性心即“真我”。“真我”知道“何谓正确”。所以“作为人，何谓正确？”这一判断基准，就是用“真我”即“良知”作为判断基准，从这一点出发来应对和解决一切问题。换句话说，也就是“致良知”。

“致良知”是做人做事的大智慧；“致良知”是中华民族的最高智慧。阳明先生说：“人若知这良知诀窍，随它多少邪思妄念，这里一觉，都自消融。真个是灵丹一粒，点铁成金。”

测量物体的长度要用尺做基准；测量物体的重量要用秤做基准。换句话说，尺能正确测量一切物体的长度，秤能正确测量一切物体的重量。而稻盛先生说，判断事物也有基准，依据这一基准，就能对一切事情都做出正确的判断。而这个基准就叫“作为人，何谓正确？”。依据这个基准判断和行动，就能带来事业的成功和人生的幸福。

稻盛先生认为自己是这个世界上最幸福的人。稻盛先生说：“这样的幸福来自哪里呢？我认为，不管遭遇何种境况，都怀抱强烈的信念，把‘做人应该做的正确的事情，以正确的方式贯彻到底’。不屈不挠地实践这一条，这才带来了我的幸福人生。”

阳明先生说：“夫良知之于节目时变，犹规矩尺度之于方圆长短也。”

由此可见，500多年前阳明先生提出的“致良知”和50多年前稻盛先生确立的“判断基准”乃是不约而同，殊途同归。

2. 人的本质是什么？

王阳明的“龙场大悟”犹如历史长空的一道闪电。

“悟”这个词很微妙，是一个具备东方文化特色的词。仅仅依据实证，仅仅依靠事实的分析和逻辑的推导，达不到“悟”的境界。所谓“悟”就是因为突然的灵感而明白了事物的本质。那么，所谓事物的本质是什么呢？事物的本质就是隐藏在事物背后，或者说隐藏在现象背后的、驱动现象的“原理原则”。只要运用这个原理原则，就能主宰或改变我们周围的现象。那么，所谓“原理原则”又是什么呢？原理原则就是圣贤们阐述的那个“道”。那么，所谓“道”又是什么呢？“道”又称“天道”。“天”浩渺无穷，不可思议，不可捉摸。这个“天道”该怎么理解、怎么把握呢？有人说“天道”是支配宇宙万物的根本规律。这话当然不错，但是，我们这些凡夫俗子听了以后，仍然是一头雾水。

阳明先生“龙场大悟”之所以了不起，就是因为他突然明白了这一切。在龙场的山洞“玩易窝”里，他因开悟而半夜惊呼而起，以至身边的人以为他神经失常。那么，阳明先生究竟“悟”到了什么呢？

他悟到了：“圣人之道，吾性自足，向之求理于事物者误也！”

“圣人之道，吾性自足，向之求理于事物者误也！”这 18 个字太重要了，不管你赞成它，还是反对它，或者怀疑它；不管你理解了，还是没有理解，不管你理解的程度如何，我建议你不管三七二十一，先把这句话一字不漏地铭刻在自己的脑海里。

这句话从意思上不难解释，就是说，圣人主张的道，或者说事物的本质也好，原理原则也好，根本规律也好，全在我们自己的心中，只需内求，只要从自己的本性中去找就足够了。到外界的事物中去找，比如到竹子中去找（王阳明格竹），到圣人处去找，到经书中去找，到寺庙里去找，到道教仙人那儿去找，到所谓天理中去找，都是“误也”，都是方向错了。

后来，阳明先生还作诗自嘲，反省过去的错误：

> 人人自有定盘针，
> 万化根源总在心。
> 却笑从前颠倒见，

枝枝叶叶外头寻。

不是通过实践找出真理，而是强调在自己的心里寻找所谓圣人之道，这不是唯心论吗？与“实事求是”不是正好相反吗？因此，究竟怎么来理解阳明先生这一高论，怎么在我们自己的人生中实践这个理论，这有点难度，因为只从字面上理解，我们很容易把它理解偏了。但这不要紧，让我们慢慢咀嚼，慢慢体验。

然而就阳明先生自身而言，“道”从“吾性”中找，“吾性自足”。在龙场，他“悟”到了这一点，这是千真万确的。

为什么“吾性自足”？“吾性”是什么？我的本性是什么？换种说法：“我是谁？”“真正的我是谁？”“真正的王阳明是谁？”“真我是谁？”这是一个吃紧的问题。追问下去就会问到人的本质这么一个终极性的哲学命题。

“我是谁？”这还用问吗？这好像是一个

简单的问题，但其实这是一个不容易回答的问题。

阳明先生聪明绝顶，若要请他作一番自我介绍，写一篇自传，他也许会说到出身背景、人生经历乃至自己的优点缺点、成功失败等等，写出一篇好文章。但是，在龙场大悟之前，阳明先生并不明白“我是谁”。

我是谁？首先我是一个人，或者说我是一个人的“样本”。我们知道，“麻雀虽小，五脏俱全”，个性中包含共性。把我“解剖”清楚了，等于把人“解剖”清楚了。

所谓“吾性”就是我的本性，我的本质，真正的我——真我。阳明先生悟到的我的本性——“真我”是什么呢？

就是“良知”。让“吾性自足”的那个“圣人之道”不是别的，正是“良知”。“良知”是真正的王阳明，是王阳明的本质。这才使阳明先生圆满解决了“我是谁？”的问题。这非同小可，可谓惊天一悟。

个性中包含共性。王阳明悟到的“良知”是人的共性，人人具备。不过，王阳明悟到了“良知”是“吾性”，“良知”是自己的本性，其他人却没有悟到。王阳明与普通人的差别就在这里，这是王阳明的特殊性。用王阳明自己的话来说，就是：“谁人不有良知在，知得良知却是谁？”

当然，王阳明还有其特殊的个性和经历，比如极其聪明，从小就胸怀大志等等。但龙场大悟，彻悟人的本性是良知，建立“致良知”的学说并终生践行，却是他超越常人最显著的特征。我认为，阳明先生的“龙场大悟”乃是究竟之悟，至极之悟。

既然人的本性是良知，那么，把“良知”这一人的本质特征发扬光大不就行了吗？这就是“致良知”——事事对照良知判断和行动。

阳明先生就是这么做的。知道了良知是人

的本性，并付诸行动，凡事都遵循良知，“知行合一”，就能迸发出无穷的力量。阳明先生的切身体验是：“心静如水，良知清澈，自能临事不乱，应变无穷。”

阳明先生说：“‘惟天下之圣，为能聪明睿知。’旧看何等玄妙，今看来原是人人自有的。耳原是聪，目原是明，心思原是睿知。圣人只是一能之尔，能处正是良知。众人不能，只是个不致知。何等明白简易！”

这段话的意思是：同耳聪目明一样，人的良知也是人人一样的，只是圣人的良知觉悟了，众人还没有觉悟而已。

把人分类，有各种分法。比如男人女人，大人小人，胖人瘦人，富人穷人，贵人贱人，好人坏人，圣人凡人，明白人糊涂人，等等。

如果用“良知”做基准划分的话，世界上只有两类人，良知觉悟的人和良知不觉悟的人，或者说良知清澈的人和良知迷糊的人。当然这中间有个程度的问题，从阳明先生这种良知清澈的人到良知迷糊的人，再到奸臣刘瑾这种良知泯灭的人，程度不一样。

这样的划分意义重大。因为这么一来，世界上复杂纠缠的问题最后都变成一个极为单纯的问题。在“攻心”一节里，我们可以看到阳明先生如何唤醒“山中贼”的良知，把他们变为良民；可以看到稻盛先生怎么激发 32000 名日航员工的良知，短短一年就把一个世界航空界最差的公司变成一个最好的公司。

极而言之，人类社会要变成一个和谐、繁荣、幸福的命运共同体，就要靠良知清澈的人来激发良知处于迷糊状态的人们，使“满街皆圣人”的理想变为现实。

这正是阳明先生的信念：“良知之明，万古一日……必有恻然而悲，戚然而痛，愤然而起，沛然若决江河，而有所不可御者。”阳明先生期待的豪杰之士们一定会横空出世。

3. 龙场大悟是从哪里来的？

既然良知是吾性，良知是明镜，“随感而应，无物不照”，当然“吾性自足”了。

那么，“圣人之道，吾性自足”这千古一悟，为什么发生在阳明先生而不是别人身上？为什么是在公元1508年阳明先生被贬谪到龙场之后，而不是在此之前呢？

我们试着从阳明先生身上来寻找问题的答案。

阳明先生于1472年10月31日，出生在浙江余姚，家里几代都是书香门第，父亲考中状元，是个知识分子出身的官员。阳明先生的家庭环境优越，他 11 岁就有随父进京的机会。阳明先生 11 岁时的代表作：

山近月远觉月小，便道此山大于月。
若人有眼大如天，还见山小月更阔。

11 岁就写出这首诗，简直是神童了。

15 岁就到过关外，后来又学习胡人骑马射箭。

阳明先生天资聪颖，幼年进私塾读书，就会问到学习目的，而且认为“读书登第”不是第一等事，他的学习目的是“读书学圣贤”。

18 岁时一位儒者给他讲“格物之学”，以为只要认真学习圣人就可以当圣人，于是他苦读朱熹著作，得知“一草一木，皆涵至理”，便在父亲官厅的庭院中“格竹”，想“格”出竹中包含的“至理”。“格”了七天没有“格”

出什么名堂，没有任何开悟的感觉，反而生了一场病。因此，他觉得圣人并不是那么好当的，自己缺乏当圣人的资质。

于是转向“辞章之学”，他也很用功，想通过钻透辞章悟道。后来又反省，觉得虚文华章误人子弟。

21 岁乡试中举，但接下来两次会试失败。却又有惊人之言：“世以不得第为耻，吾以不得第动心为耻。”价值观水准已经设得很高。

26 岁再进京师，因边关形势紧张，于是研读兵书，甚至“列阵为戏”，颇有心得。后来因找不到高水平的师友，又无法无师自通，烦闷不已，又生起病来，因偶然与道士谈及养生，又热衷于道教，后来又研究佛教，一时都很投入，甚至有过遁归山林的打算，后又与佛家和道家产生隔阂，回归儒家圣贤之学。

28 岁中进士，后被皇上派去河南督造著名武将王越之墓。因王家对工程十分满意而赠予他传家之宝“威宁剑”。后来又审理过案件，主考过山东乡试，又收徒讲学。

到这里，讲的是王阳明开悟成圣的重要因素：天分高又好学，积极参与社会实践，积累各种经验，并养成了思考反省的习惯。

针对当时的王阳明，有所谓“五溺”之说：“初溺于任侠之习”，“再溺于骑射之喜”，“三溺于辞章之好”，“四溺于神仙之道”，“五溺于佛氏之学”。这个“溺”字就是沉溺，有贬义也有褒义。阳明先生凡事认真，积极投身于当时的社会文化实践，积极求道，探索真理，年纪轻轻就阅历丰富，遍历政治、军事、文章、诗词、道教、佛教，乃至指挥劳工做建筑，因为凡事认真，所谓“一掴一掌血，一棒一条痕”，各方面都有相当造诣，这同他后来开悟以及开悟后的发力，是有关联的。

但仅是天资聪慧，仅有这所谓“五溺”，仅有这些条件还不够。当时朝廷的腐败和阳明先生所受的冤屈是促成阳明悟道的另一个重要因素。

当时的正德皇帝朱厚照是一个 15 岁的小孩，权力落入奸臣刘瑾手中。有忠臣要求弹劾刘瑾，遭到打击报复，正义感强烈的王阳明挺身而出，请皇帝宽恕讲真话的言官，不料这个小皇帝听信谗言，倒行逆施，阳明先生被“廷杖四十”。次年又被贬谪到当时的荒蛮之地贵州修文的龙场任驿长，路上还遭奸臣派人追杀。这年阳明先生 36 岁。

明明是主持公道，却被当众打了四十大板，所谓“一棒一条痕”，痛彻心扉。而后被发配到千里之外的穷山僻壤。这对于一位颇有社会声望的大知识分子来说，乃是奇耻大辱。但厄运还在继续，当抵达龙场后，阳明先生直面五重苦难：

一是环境艰难。龙场处于万山丛棘之中，毒虫瘴气，水土不服是自然的，另外与当地少数民族语言不通。

二是居无房屋。来到龙场，没有现成的房屋可住，只能自己“结草庵居之”。后来常居山洞中，阴暗潮湿。

三是生活无着。开始时无米、无菜、无盐、无油、无火、无水……只好自己砍柴、挑水、采蕨、摘菜、煮饭……

四是疾病缠身。阳明先生 28 岁时从马上跌落，肺部受伤，经常复发，到此穷困落后、缺医少药之地，无奈得很，不免自叹：“野夫病卧成疏懒，书卷长抛旧学荒。”

五是恶官刁难。到了龙场还有刘瑾的爪牙骚扰他，派人凌辱他。

出生在江南鱼米之乡的书香门第，当官在繁华的都市。贬到此地，地位一落千丈，物质生活的艰难是每天的现实。更痛苦的是精神，一腔正义、追求理想的正人君子竟遭如此荼毒，公理何在？天理何在？阳明先生当然想不通。但想不通也得想通。

皇帝昏庸，奸臣当道，忠臣倒霉，黑白颠倒，情何以堪。不是讲“格物”吗？这个事件，这个发生在自己身上的活生生的现实就是所谓“物”，该怎么“格”，该怎么思考、怎么行动呢？“圣人处此，更有何道？”不是立志要当圣人吗？那么在这种情形下，圣人会怎么想、怎么做呢？

即使在千苦万难中，也会千思万想，这是思想家的本色。这才是龙场大悟的更重要的因素。

到了这个地步，荣辱得失早就置之度外了，那么生死呢？据说阳明先生对生死一时尚未了断，听天由命吧！“吾惟俟命。”

孟子有几句话，对于胸怀大志又处境艰难的人，特别有鼓舞作用。孟子在列举了舜、管仲和百里奚等几个人的事例以后，说出如下金玉之言：“天将降大任于斯人也，必先苦其心志，劳其筋骨，饿其体肤，空乏其身，行拂乱其所为，所以动心忍性，曾益其所不能。”（天在降大任给此人时，一定先苦其心志，劳其筋骨，饿其体肤，置他们于艰难困苦之中，让他们的所作所为着实碰壁，逼他们苦思冥想，逼他们学会忍耐，从而增加他们的能力和能耐。）

我想，孟子的话不是随便讲的，此时的阳明先生正好受用。就是说，大苦大难的磨炼，既然是天将降大任于我的前提条件（“必先”），那么，面对这种苦难，我不但不应该痛苦呻吟，消极悲观，反而应该感谢这苦难，在苦难中奋起才对啊！苦难能够锤炼我的心志，如果这样的困难我都能克服的话，还有什么困难能压倒我呢？

后来，在回忆自己的龙场岁月时，阳明先生就是这么说的：“往年区区谪官贵州，横逆之加，无月无有。迄今思之，最是动心忍性，砥砺切磋之地。”

人就是这样，只要有一丝一毫的杂念，比如生死之念还在心中缠绕，就可能沉溺于痛苦而难以自拔。相反，无论处于多么艰苦的环境，一旦摆脱荣辱得失乃至生死等等一切私欲的束缚，精神获得解放，心灵处于纯粹状态时，事物的真相就会呈现。

特别是思想家，朝悟道，夕死足矣。把想不通的问题想通了，才是人生最大的快乐。

此时阳明先生在"玩易窝"打坐，就感觉"心中洒然"。什么叫"洒然"，就是轻松洒脱，神清气爽，甚至是欣然愉悦的心灵状态。在如此险恶的环境中，阳明先生的随从都生了病，但阳明先生不仅"未尝一日之戚戚"，而且他的精神居然进入了"洒然"的状态，我认为，这离阳明先生的"龙场大悟"只差一步了。

为什么？因为阳明先生是思想家，他一定会追问：此时自己怎么会产生"洒然"的心态？这种"洒然"的心态是从哪里来的？他一定会执着地追求问题的答案，从自己的切身经验、从自己真实的心理体验上追究问题的答案。

答案来了，是深更半夜来的，是以灵感的形式突然出现的。至于究竟是半夜醒来时的灵感，还是睡梦之中的灵感，不得而知。总之是：“忽中夜大悟格物致知之旨……始知圣人之道，吾性自足，向之求理于事物者误也。”

此话怎讲？就是说，“洒然”这种状态不是从外界的“事物”中来的，外界没有任何“事物”会让他此时“洒然”。这种感觉是从“吾性”中来的，在当前的苦境中，精神“洒然”才是唯一正确的选择。而正是“吾性”产生了“洒然”。所以“吾性”就足够了，而“吾性自足”就是“圣人之道”了。

真是“踏破铁鞋无觅处，得来全不费功夫”。原来如此啊！多少年来自己苦苦追求的真理，就是那个“圣人之道”，不在别处，就在自己的本性之中。我本性中的良知，摆脱了得失、荣辱、生死等等私欲束缚的良知，原来就是那个“圣人之道”。这时，孟子的话在耳边响起：“道在迩（迩是近的意思）而求诸远，事在易而求诸难。”“夫道若大路然，岂难知哉？人病不求耳。”

这个“道”也就是“良知”，它力量巨大，它能指明何谓正确。哪怕是在极端艰难的处境中，哪怕是在极度苦闷的心绪中，它都能让我洒然起来，奋勇起来。所以，只要遵循并发扬心中的这份良知就足够了，一切问题都可以迎刃而解，实在“不须外面添一分”。

到这一步，过去的一切矛盾疑虑全部烟消云散，阳明先生进入了摒除私欲的良知哲学的境界。

“大道”居然如此“至简”，难怪阳明先生即便深更半夜，也禁不住欢呼雀跃了。

4. 稻盛哲学是从哪里来的？

如果你对阳明先生的“龙场悟道”还有理解不透的地方，那么，让我们再来看一看稻盛先生吧！

就出身而言，稻盛先生可没有阳明先生那么幸运。稻盛先生于 1932 年 1 月 30 日，出生在日本最南端的鹿儿岛一个极为普通的平民家庭里，兄弟姐妹七人，他排行老二。父亲租用一台印刷机，整天忙于工作。父母只有小学文化，也从不督促孩子学习。同书香门第的阳明家不同，稻盛家里连书都没有，看到其他小朋友家的书架上摆着文学全集之类，稻盛就问父亲："为什么我们家没有书？"父亲的回答倒也干脆："书能当饭吃吗？"

贪玩是小孩的天性，特别是父母无暇管束时。在整个小学期间，稻盛都不曾用功读书，他觉得玩耍比学习更有趣。结果小学毕业考初中，连续两年没考上当地的鹿儿岛一中，他"以落第为耻"，很是伤心，耿耿于怀。

但是，从小学低年级开始，稻盛就表现出他潜质中的亮点。上学不久，他就成了孩子王，他会组织小朋友们玩打仗游戏，像模像样，大家总是玩得很尽兴。在这过程中，他感觉到当孩子王也不容易，不能让别人看出自己心虚，有时候明知打不赢的架，也要硬着头皮去挑战。除勇气外，还要注意人心，有好吃的东西要分给大家，宁可自己少吃，等等。

在家里也是这样。当时叔叔经常带他去看电影，每当看完回家，就被弟妹们围住，小稻盛会把电影里的情景，按照自己的理解，从头到尾、有声有色地讲一遍，手舞足蹈。弟妹们听得出了神：“啊！哥哥讲得真有趣，比亲自去看还过瘾。”这时候稻盛就格外得意。

另外，当时看的都是武打片，情节都是扬善惩恶。看过几次类似的故事以后，相关人物一出场，稻盛马上就能看出谁是好人、谁是坏人，而且能够猜出故事的结局。因此，稻盛开始是兴高采烈跟着叔叔上电影院，后来就渐渐厌倦了，而且心中生出疑问：“大人们为什么肯花几小时去看这么老套的、无聊的东西，还那样开心？”

稻盛在 13 岁第二次考初中前，患上了肺结核。当时他的两个叔叔和一个叔母因患肺结核，死在稻盛的家里。稻盛大概也是受病菌传染吧，另外升学失败，心情不好，也是原因之一。当时肺结核是绝症，稻盛心中充满了恐惧，情绪低落到了极点。这时一位邻居大嫂给了他一本带有宗教色彩的书《生命的实相》。这本书应该是给大人看的，但面临死神的威胁，像抓住了救命稻草，稻盛如饥似渴，贪婪地阅读。书中有一句话深深地触动了他：“自己身边发生的事情，不过是自己心中描绘的景象，在现实中的投影而已。”就是说，包括肺结核在内，人生的一切不幸，都不过是自己的内心在现实中的投射而已。读到这些话，稻盛感觉很迷惘。但通过反复琢磨，他终于领悟到：自己忐忑不安、刻意躲避、害怕结核病的脆弱的心灵，招致了病菌的侵害。他父亲与病人近距离接触，他哥哥大大咧咧，他弟妹也没在意，结果他们都安然无恙。就是说，健康也好、人生也好，与自己心灵的状况密切相关，这就是所谓“生命的实相”。换句话说，不好的事情不仅不能做，连想也不能想。于是，稻盛开始在心里努力描画善念，而善念的最高境界就是“为社会、为世人作贡献”。这种觉悟是年仅 13 岁的稻盛第一次宝贵的思想飞跃。

但是，厄运还在继续。不久美军的飞机把鹿儿岛炸成一片火海，稻盛家也被炸成一堆废墟，稻盛经历了战争逃难的生活。战后日本的教育体制规定，初中升高中不需要考试。进入高中后，稻盛开始用功读书，成绩名列前茅，但高考时，却没考上第一志愿大阪大学药物系，只考上了新办的鹿儿岛大学工学系有机化学专业。大学学业优秀，但临近毕业时却找不到工作，稻盛非常沮丧，他觉得世道不公，穷人没有出路，一时甚至想过是否要加入黑社会。一位老师同情他，通过关系介绍他进了京都一家制造工业陶瓷的企业，稻盛欢天喜地去上班，一进去才知道这家企业连续 10 年亏损，连工资也不能如期发放。5 名同期进厂的大学生碰到一起就发牢骚，不久 4 名大学生相继辞职，稻盛也想辞职，却不能如愿。在走投无路的情况下，稻盛决定改变自己的想法。

百万赫兹的高频电流。有一种叫镁橄榄石的矿物质绝缘性能合格，但它的粉末很松脆，没有黏性，无法成形。稻盛在这种粉末中加进各种比例的黏土，用各种方法压制成形，结果都不理想。能够想到的办法都试过了，绞尽脑汁不得其解，也没有任何解决问题的线索。在这种情况下，怎么办呢？无论如何非解决不可，稻盛吃饭也想，走路也想，睡觉也想，念念不忘地想。这时候，不可思议的事情发生了。

一天深夜，稻盛做实验很疲倦了，正想收拾东西准备休息，但头脑里还在想，有没有不加黏土让矿物质粉末成形的方法呢？这时候他不小心被工作台下面的一块东西绊了一下，差一点跌跤，他正生气时，发现那东西是石蜡，灵光一闪，“这东西有戏”。第二天他做了一个铁锅，把石蜡放进去加热熔化，然后加入矿物质粉末，像炒饭一样炒匀，冷却以后，粉末表面就附着了石蜡的薄膜，再放进模具压制，成形了，再放进炉子高温烧结，这时石蜡挥发了，成形物中不留任何杂质，问题圆满解决了。于是，公司获得了从松下电子来的大量订单，开始起死回生。

稻盛认为，这样的灵感纯属偶然的幸运，这样的幸运不可能再有第二次，但是令人难以置信的是，这样的灵感竟然接二连三而来。

因为突如其来的灵感，稻盛先生发明了新材料，开发出新产品，从一个行业的门外汉跃升为世界精密陶瓷领域首屈一指的科学家。

像阳明先生一样，稻盛先生也具备思想家的禀赋，他一定会思考这是为什么，这种灵感是从哪里来的，而且一定会执着地追求问题的答案。答案从哪里找？就从灵感产生时自己的心灵状态中找，也就是从“吾性”中找。

科学实验的目的，是从实验出现的现象中发现真理，首先这个愿望必须非常强烈，同时，稻盛感觉到，为了看出现象中包含的真理，那么“反映这种真理的自己的心灵这面镜子必须纯粹透明”，“如果心怀杂念，或者具有某种先入观念，就不能如实接受现象想要告诉自己的真理”。

那么，只要保持心灵的纯粹状态，灵感就会源源不断地产生。事情果然如此，不仅产品和技术的灵感，包括后来的“京瓷哲学”78 条都是稻盛心灵纯粹的产物。

稻盛先生说：“心纯见真，清澈纯粹的心灵可以看见真相，充满利己的心目中，只看到复杂的事相。”“我们应该努力保持一颗纯洁的心，才能按照事物本来的面目来观察和认识事物。被私利私欲弄得混浊的心目里，再简单的问题看起来也非常复杂。”

这与阳明先生的观点一模一样。

阳明先生说：“心即理也。此心无私欲之蔽，即是天理，不须外面添一分。”就是说，人心中的良知即是天理，“只要在此心去人欲、存天理上用功便是”。就是说，只要抑制私欲，保持心灵纯粹，用功努力，就能按照事物本来的面目来观察和认识事物。

我感觉，阳明先生与稻盛先生在隔着时空对话。

再回到稻盛。如果说，稻盛偶然踩到石蜡产生了科学的灵感，解决了这个行业中的世界性难题，那么，稻盛把科学灵感的闪现同自己心灵的状态相联系，这就是哲学的灵感。就是说，年仅 24 岁的稻盛在追究灵感发生的过程中，进入了摒除私欲的利他哲学的境界。

稻盛先生紧紧抓住这种哲学的灵感，他说：“在排除一切杂念，专注于一项研究的时候，我感觉到某种人生观在心里萌动，并以此为基础开始建立自己的哲学。我隐隐约约地意识到，这样的人生观或者说哲学是极其重要的东西。”

所谓“感觉到某种人生观在心里萌动”，

就是“吾性之良知”正在脱颖而出。

阳明先生从政治实践走进了哲学，稻盛先生从科学实验走进了哲学，这是殊途同归。这种哲学境界乃是人类最高的境界。

5. 阳明心学的核心——知行合一和致良知

从时间顺序上说，阳明先生龙场大悟，主要解决"圣人之道"从哪里找的问题。圣人之道或者说天道、天理，就在"吾性"之中，就是说，"吾性"中的良知就是天理，"心即理也。此心无私欲之蔽，即是天理，不须外面添一分"。

良知存在于"吾性"中，存在于我们内心最深处。但这种良知又一刻也无法脱离实践，换句话说，这种"知"若没有"行"相伴，就是虚无缥缈的空中楼阁。

于是，1508年在贵阳文明书院，阳明先生提出了“知行合一”的学说。阳明先生认为，知和行不可分割。“知是行的主意，行是知的功夫。”所谓“主意”就是出发点，或者叫宗旨，所谓“功夫”就是方法方式，有时叫战略战术。宗旨或者说出发点是良知，是自利利他。但必须有切实有效的方法措施，否则宗旨贯彻不了，悬在空中不落地。但是，在讲究方法措施时，如果忘了初衷，就会滑入私欲深渊，滑入权术阴谋。

在阳明先生之前，人们往往把“知”和“行”看成两件事。在阳明先生之后，又有人争论是“知难行易”还是“知易行难”。

但是，阳明先生认为，知行本来就是合一的；“知”的水准和“行”的水准始终都是同一水准，知行从来都是齐头并进的；知到位——知之真切笃实处即是行，行到位——行之明觉精察处即是知。

换句话说，在行动中感知良知便是“知”，把良知付诸实行便是“行”，两者不断循环便是“知行合一”。

因此，“知而不行，不是真知”。比如，行为低俗乃至贪污腐败的人，就是被私欲蒙蔽了良知的人，就是缺乏起码的做人知识和见识的人，他们的知和行同处于低水准。

阳明心学理解上的难点之一，是一字多义。比如这个“知”字，有时指知识，有时指知道、知晓，有时指心中认可认知的价值观，有时直接指良知。如果价值观是自我中心，凡事以对自己是否有利为判断基准，那么，所谓知行合一，就会合向错误的方向。

知行要并驾齐驱，在正确方向上达到高水准，达至极致，那就是“致良知”。

阳明先生 50 岁时，到达了他的心学的顶峰，系统地提出了“致良知”的核心理念。阳明先生说："良知是造化的精灵。""良知是天植灵根。""天理是良知，千思万虑，只是要致良知。"致良知就是《论语》中所说的"思无邪"，就是《大学》里所说的"明明德"。阳明先生强调"致良知"是"千古圣贤相传的一点真骨血"。从古到今，一切社会问题的源头都是"此学不明"。"此学不明，不知此处耽搁了几多英雄汉。"

"良知"的概念最初是由孟子提出的。所谓"不学而能"是良能，"不虑而知"是良知。良知是每个人与生俱来的，而且不分贫富贵贱，人人都具备相同的良知。

阳明先生在"良知"前面加了一个"致"字。良知前面加上这个"致"字，就能爆发千钧之力。"致良知"这三个字把几千年的中国优秀文化串联了起来。

"致"是动词，有"至"即到达的意思，有付诸行动的意思，更有发挥到极致的意思。

所以，所谓“致良知”，就是把良知发挥到极致；所谓把良知发挥到极致，就是每件事情都要从“不虑而知”的良知出发，去应对、去处理。这本来简单明了，“若大路然”，但因为有“私欲之蔽”，事情才变得复杂纷纭起来。

读《传习录》以及阳明先生的其他著作乃至诗词，我们发现，在谈到“致良知”时，阳明先生往往要提到“去私欲”。比如在《大学问》一文中，阳明先生说：“动于欲，蔽于私，而利害相攻，忿怒相激，则将戕物圮（pǐ，毁坏）类，无所不为其甚，至有骨肉相残者……故夫为大人之学者，亦惟去其私欲之蔽，以明其明德……”“明其明德”就是致良知。另有诗云：“个个人心有仲尼，自将闻见苦遮迷。而今指与真头面，只是良知更莫疑。”

这就是说，虽然人人心中都有个孔子，良知具备且俱足，但这个良知却很容易被从本能和闻见来的私欲所遮迷，以致执迷不悟。所以阳明先生感叹道：“谁人不有良知在，知得良知却是谁？”

事实上，虽然“个个人心有仲尼”，但是仲尼却只有一个。就是阳明先生本人，在开悟之前，在生死大关上尚留私欲杂念。正因为如此，后来他才会说出如下入木三分的话：“只为世上人都把生身命子看得太重，不问当死不当死，定要宛转委曲保全，以此把天理却丢去了，忍心害理，何者不为？若违了天理，便与禽兽无异，便偷生在世上百千年，也不过做了千百年的禽兽。”

但是，能破心中贼，像阳明先生一样开悟的，能有几人？“菩提本无树，明镜亦非台，本来无一物，何处惹尘埃”，说出这个偈语的六祖慧能，在僧人中也属凤毛麟角。能够做到五祖弘忍的弟子神秀讲的“身似菩提树，心如明镜台，时时勤拂拭，勿使染尘埃”，就不错了。

所以在《答顾东桥书》中，阳明先生感叹道："三代之衰，王道熄而霸术焻……盖至于今，功利之毒沦浃于人之心髓，而习以成性也，几千年矣。"私欲之蔽、功利之毒把本来单纯明白的事情变得扑朔迷离，流毒几千年。

然而，阳明先生具备信念，在《答顾东桥书》的最后，他奋笔直书："所幸天理之在人心，终有所不可泯，而良知之明，万古一日，则其闻吾拔本塞源之论，必有恻然而悲，戚然而痛，愤然而起，沛然若决江河，而有所不可御者矣。非夫豪杰之士，无所待而兴起者，吾谁与望乎？"

阳明先生在呼唤豪杰之士奋起，带领大家一起"致良知"。阳明先生自己就是这样的豪杰英雄。阳明先生给了我们信心，给我们树立了榜样——一个"致良知"的切实的榜样。阳明先生不仅是在讲学和答疑中呕心沥血，而且在平叛和剿匪乃至行政等等实践活动中，把他的良知发挥得淋漓尽致，炉火纯青。他的作品，特别是后期的《拔本塞源论》《大学问》等等，都是良知做到极致留下的样本。

6. 稻盛哲学的核心——方程式和判断基准

稻盛先生于 1959 年，27 岁时创立京瓷公司。稻盛自己是地方大学的毕业生，创业团队 28 人中 20 名是初中毕业生，有几名高中毕业生，都是能力平凡的人。能力平凡的人怎样才能取得不平凡的成功？为了说服自己，说服一起创业的伙伴，稻盛先生想出了一个人生和工作结果的方程式，又叫成功方程式。

人生·工作的结果＝思维方式 × 热情 × 能力

(−100～+100) (0～100) (0～100)

成功＝ 价值观 × 努力 × 能力

(−100～+100) (0～100) (0～100)

这个方程式妙不可言。可以说，它的价值不亚于任何自然学科中的任何一个方程式。

关于成功的定义不胜枚举，但稻盛的成功方程式意味最深长，没有哪种论调可以与之媲美。

这个方程式中“能力”主要指先天的智商、健康及运动神经等。从白痴到天才可从0到100打分。能力这一项虽有先天命运的因素，但通过努力，后天的能力可以提升。

热情（努力）这个要素，从懒汉到劳模也可从0到100打分。但它不是先天的，可以由人自己的意志决定。

这个方程式的特点是成功三要素之间是乘法，不是加法。更重要的是思维方式（价值观）这一要素有正有负。

稻盛先生说，这个方程式清晰地表达了他的哲学，他一辈子就是按这个方程式办事的，也只有这个方程式才能说明他的事业为什么能够成功。

因为“思维方式”有正负，它决定了另外两个要素即“热情”和“能力”发挥的方向，所以思维方式是这个方程式的核心要素。它也是稻盛哲学的核心。

正面的思维方式就是阳明先生所讲的“良知”。

什么是正面的思维方式？稻盛先生举例如下：

积极向上，具有建设性；擅于与人共事，有协调性；性格开朗，对事物持肯定态度；充满善意；能同情他人，宽厚待人；诚实、正直；谦虚谨慎；勤奋努力；不自私，不贪婪；有感恩心；懂得知足；能克制自己的欲望；实事求是；等等。

如此具体地表述正面的“思维方式”或“良知”，让我们感到熟悉和亲切。这些都是我们应该也可以实践的朴素的价值观。

这个“思维方式”也可以说是价值观，或者说是价值判断的基准。稻盛先生喜欢称之为“判断基准”。判断基准从利己到利他，可以从 –100 到 +100 打分。

稻盛 27 岁创建京瓷公司，成了企业经营者，从此，产品开发、生产制造、市场销售、人事组织等等，各方面的问题接踵而来，需要他做出判断和决断的事情陡然增加。稻盛既没有经营的经验，又没有管理的知识。他大学的专业是有机化学，没有学过经营学或经济学，也没有学过哲学或心理学。一个刚刚创办的弱小的企业，一旦在重要事情上判断失误，企业可能很快消失在竞争的风浪之中。而且什么问题重要、什么问题不重要，往往还不知道。

京瓷公司是稻盛先生的恩人出资帮他成立的企业，其中有一位出资人还将自己所住的房屋土地作抵押，从银行贷出一大笔流动资金。如果稻盛经营失败，这位恩人可能流离失所。稻盛深感责任重大，常常夜不成眠。

为了不断对面临的问题做出正确的判断，就必须持有正确判断所需要的基准。缺乏经营知识和经验的稻盛先生没有这样的基准。怎么办呢？稻盛先生陷入了深思。

经营乃至人生都是判断的积累。那么，我们平时是按照什么基准进行判断的呢？比如，部下有事来商量，我们是依据什么基准进行思考、做出判断的呢？

稻盛先生首先想到的，是把利害得失作为判断基准，就是以自己的面子、自己的地位，对自己是否有利，作为基准做出判断。

稻盛先生说，追究这一判断基准的本源，就会追到人的本能。因为人具备肉体，为了维护肉体的生存，人有食欲、性欲，以及面对外敌激起的斗争心。在人的小脑附近的脑干网状结构中，有支配人的本能的细胞组织。本能虽然原始，但人用本能做出判断的情况实际上非常多。

但是，在企业里，对自己个人有利，未必对部门有利；对部门有利，未必对企业有利；即使超越了个人和部门的利害，对企业整体有利，也未必对社会对国家有利。而只顾自己一国的利益，又解决不了国际纷争。因此，以对自己或自己一方是否有利这种本能做判断的基准，是一种低层次的判断基准，往往会做出错误的判断。

除本能外，我们还常常凭自己的感觉对事情做出判断。所谓感觉，就是从眼、耳、鼻、舌、身来的视觉、听觉、嗅觉、味觉和触觉。

感觉因人而异、因时而异。人的感觉会发生变化，而不稳定的东西不能作为判断基准。

那么，感情呢？感情就是爱或恨，喜欢还是讨厌等等。感情会冲动，感情会变化，此一时彼一时。而且感情也因人而异。所以把感情作为判断基准也会乱套。

理性应该可以作为判断的基准吧。同本能、感觉、感情相比，理性比较客观。这么做，会产生这种结果；那么做，会产生那种结果。收集资料，建立逻辑，进行推理，然后对事情做出判断，做出决定，这就是所谓理性判断。

对于常规的、司空见惯的事情，当然可以这样做。但是，对于没有先例的事情，因为没有文献资料，无从分析推理，理性就没有用武之地，就是说，无法把理性作为判断的基准。

那怎么办呢？无论如何必须做出正确的判断！强烈的愿望让困顿中的稻盛先生产生了

灵感。

“既然没有别的东西可以做基准，我就用什么是好、什么是坏，什么是是、什么是非，什么是善、什么是恶来做判断的基准吧。如果这可以做基准的话，我能够掌握，因为父母、老师从小教导过我，这也是我们每个人心底能够认同的。”

用一句话说，就是把“作为人，何谓正确？”作为判断一切事物的基准。

稻盛先生本来想找的是经营判断的基准，找不到。结果却在更宽广的范围内找到了作为人的基准。因为经营也是人做的、以人为对象的活动，所以作为人的基准可以而且应该原封不动地贯彻到一切经营活动中去。

“作为人，何谓正确？”良知知道，“知善知恶是良知”。当稻盛先生猛然抬头看见办公室墙上“敬天爱人”四个大字时，心中不禁怦然一动，一阵激动，依据“作为人，何谓正确？”判断，就是遵循天理良知办事，就是敬天。

作为人究竟何谓正确？在经营实践中，稻盛很快面临重要考验。稻盛创立京瓷公司的目的是“技术问世”，就是把自己的技术发扬光大。但是，这个目的无法获得员工的共鸣。在创业第三年，刚进公司一年的11名高中生，对工资待遇不满，与稻盛集体交涉，并威胁如果不答应他们的条件，就要集体辞职。

在这种情况下，“作为人，何谓正确”呢？创业不久的企业缺乏经济实力，稻盛不能违心地答应他们的条件。稻盛苦口婆心，花了三天三夜，终于说服了他们。但是，这次艰难的交涉深深地刺痛了稻盛的心。他认识到，“技术问世”这个创业目的，听起来不错，其实只是显耀个人的本事，这种狭隘的个人愿望，本质上仍然是一种私欲。京瓷公司不是显耀稻盛和夫个人技术的场所，更不是经营者一个人发财致富的地方，而是要对员工及其家属现在和将来的生活负责，京瓷公司应该成为全体员工共同追求幸福的场所。

稻盛毅然决然转变了企业的经营理念，把“技术问世”的企业目的改变为：“在追求全体员工物质和精神两方面幸福的同时，为人类社会的进步发展做出贡献。”

当稻盛先生再次抬头，看见办公室墙上“敬天爱人”四个大字时，心中不禁一阵激动，这不就是“爱人”吗?

“作为人，何谓正确?”在企业和员工的关系上，稻盛交出了完美的答案。这个经营理念为京瓷公司的腾飞打下了基础。

作为人，何谓正确呢？具体来说：

> 作为人应该正直不应该虚伪；作为人应该勤奋不应该懒惰；
>
> 作为人应该谦虚不应该傲慢；作为人

应该勇敢不应该卑怯；

作为人应该知足不应该贪婪；作为人应该乐观不应该悲观；

作为人应该自利也利他；不应该损人利己、损公肥私。

这些作为人的原则每个人都能认同，只要付诸行动就行。

“作为人，何谓正确？”这一判断基准，就是“稻盛哲学”的核心。经营12条也好，京瓷哲学78条也好，都来自这个核心。

大道至简。正因为“至简”才能为全体员工共同拥有，共同实践。

依据“作为人，何谓正确？”进行判断，采取行动。换种说法，就是阳明先生的“致良知”。

第二章 以心为本

1. 心在哪里？

阳明心学顾名思义，是阳明关于“心”的学问。另外，开心、伤心、心花怒放、心惊肉跳、心猿意马……有关“心”的词汇我们都在频繁使用。但如果提出“心在哪里”这个问题，多数人回答不上，多数人从来没有思考过这个问题，甚至不曾有过想要思考这个问题的念头。

时常用到“心”字，却不肯认真思考“心”是什么，“心”在哪里。我们往往是思想的懒汉，凡事不求甚解。

但是，其实这是一个有关人的本质的最重

要的问题。

我请教过周围的朋友，也请教过学者、科学家、企业家以及寺院的僧人。有人指着自己的头脑，说脑就是心；有人指着自己的胸，说心脏那团血肉就是心；还有人指着自己的全身，说心在每个细胞里。但是，在回答的同时，他们又觉得意犹未尽。

“知人知面不知心。”心看不见摸不着，但心却无时无刻不体现在我们的思想中、语言中、行动中，哪怕是一个不经意的眼神中。

阳明先生说，“心之所发便是意，意之本体便是知”。这里的“知”就是良知。换句话说，心的本质乃是良知。心虽常被私欲所蔽，私欲这个“心中贼难破”，时而还很猖狂，但心的本质却不是私欲而是良知。这是阳明心学的核心。

良知不仅是人心的本质，不仅是人的本质，而且是宇宙的本质。阳明先生说：“人的良知，就是草、木、瓦、石的良知……岂惟草、木、瓦、石为然，天、地无人的良知，亦不可为天、地矣。盖天、地、万物与人原是一体，其发窍之最精处，是人心一点灵明，风、雨、露、雷，日、月、星、辰，禽、兽、草、木，山、川、土、石，与人原只一体。故五谷、禽兽之类皆可以养人，药石之类皆可以疗疾，只为同此一气，故能相通耳。”

在《大学问》中，阳明先生亦把人心的良知与万物贯通一气。所谓：见孺子掉井，生恻隐之心；见鸟兽哀鸣，生不忍之心；见草木摧折，生怜悯之心；见瓦石毁坏，生顾惜之心。

我认为，阳明先生之所以伟大，就是因为他明确指出了良知就是人的本质、心的本质。良知就是“天人合一”的那个“一”；就是“万物一体之仁”的那个“仁”；就是“山川草木，悉皆成佛”的那个“佛”。人生的目的就是“致良知”，就是通过“事上磨炼”，通过“致吾心良知之天理于事事物物，使事事物物皆得其理”，由此达至“此心光明”的境界。

有关我们人的本质、心的本质，以及人和宇宙的关系，我们看看稻盛先生怎么说。

在成功拯救日航后的一次塾长例会上，稻盛先生这么说：

“我们在展开某项工作时，首先是用头脑思考，在心里琢磨‘想做成这样’‘想要那样做’，构思方案，制定计划。但是，仅仅这样是不够的，是会失败的。必须制定出让上天或者宇宙也认可的、愿意‘出手’相助的、崇高的计划。

“我们每一个人都具有与宇宙相同的要素。这是我们人的本质，每个人的心底深处都存在着与宇宙森罗万象相同的本质。因此，我们才会作为婴儿呱呱坠地，才会在这个自然界自由地呼吸。持有肉体的自己并不是真正的‘我’。有人认为，所谓‘我’就是‘心’，但是心也不是‘我’。

“在我们每个人的心底最深处存在着‘真我’，这个‘真我’与创造宇宙最基本的东西本质完全相同。有人称之为‘魂’。当‘魂’与宇宙相感应，与宇宙的波长相符时，无论多么困难的事情都可以迎刃而解。

“为什么那个人，在那么棘手的事情上，那么轻易地就成功了呢？用理性分析，看似根本做不成的事情，但只要让自己内心深处的真我与宇宙相连接，上天就会‘出手’相助。秉持美好心灵的人，凭借的不是他个人的力量，他以宇宙为盟，所以一切都能顺利推进。”

稻盛先生煞费苦心，还竭力运用科学来说明这个问题。

稻盛先生说：“现代尖端的宇宙物理学有关宇宙大爆炸的理论认为，宇宙在130亿年前，只是拳头大小的一个超高温、超高压的基本粒子的团块，经大爆炸形成现在的宇宙，而且它还在继续膨胀。

“宇宙起源不过是基本粒子，由它们构成质子、中子、介子，从而构成原子核，再同电子组成原子。原子经核变又成为更重的原子，原子组成分子，分子组成高分子，无机物合成有机物，其中出现遗传因子 DNA，孕育出原始生命，生物从低级向高级进化，直至诞生了万物之灵——人类。”

宇宙为什么不断进化呢？到了高分子阶段，或者到了猴子阶段，停下不行吗？

稻盛先生说：“不得不承认宇宙中存在一种促使森罗万象发展进步的力量，不妨称之为‘宇宙的意志’。宇宙中如果没有促使万物更新的‘意志’，宇宙就不会成为今日的宇宙。

“我们的思想和行为是否与这强大的宇宙意志相吻合，决定事情的结果。我们充满善意，尽力做好事，就是说我们所想所做，与‘宇宙的意志相协调’，那么我们必将成功。如果我们心存邪念，损人利己，就是违背天理，最终势必失败，招致悲惨的下场。所谓‘天网恢恢，疏而不漏’，就是这个意思。”

稻盛先生讲的“宇宙的意志”，就是所谓“天理”；稻盛先生讲的“真我”就是所谓“良知”。这些都是同一个东西。

我曾当面请教过稻盛先生“心在哪里”。稻盛先生说：“心在哪里虽然不知道，但是心的本质是良心。”

“良心”，稻盛先生有时称之为“真我”或“利他之心”，这就是儒教的“仁”、道教的“道”、佛教的“慈”、基督教的“爱”，就是阳明心学的“良知”。

这不仅是理论而且是实践。

王阳明讲，人人有良知，满街皆圣人，“天地虽大，但有一念向善，心存良知，虽凡夫俗子，皆可为圣贤”。这在日航公司变成了活生生的现实。

日航曾被称为官僚衙门，魔鬼殿堂，八个工会，一盘散沙，所以破产了。日本舆论认为，稻盛先生去蹚日航这浑水，必将晚节不保。在一个官僚和工会斗争了 60 年的企业里，没有稻盛先生的用武之地，没有所谓“稻盛哲学”发挥作用的前提。但是，稻盛先生以自己的良知唤醒了 32000 名员工的良知，用哲学共有的办法，让员工们良知焕发。凡夫俗子们果然变成了“满街圣人”。日航不但服务水平世界第一、准点率世界第一、利润和利润率世界第一，并且遥遥领先，让竞争对手望尘莫及。而做到这一点，仅仅用了一年时间。

人心的本质就是良知。领导人如何以身作则，以自己的良知激发部下的良知，就是全部问题的核心。稻盛先生三下五除二，轻快利索，马到成功。这么复杂的问题，可以这么简单地去解决，稻盛先生的榜样给了我们巨大的信心，其意义之深远不可估量。

2. 正义：正义须付代价

坚持正义，说起来理所当然，有时却要付出血的代价。

明武宗正德元年（1506 年），王阳明 35 岁。当时正德皇帝虽然只有 15 岁，可谓乳臭未干，但他是君主啊！忠君可是封建时代文武官员头等的价值观。而当时实权操在奸臣刘瑾为首的“八虎”手里，他们以权谋私，贪污腐败，哄着小皇帝干坏事，把朝廷搞得乌烟瘴气。内阁大学士刘健、谢迁以及后来入阁的王岳等人看不过去，不断上书要求皇上处决刘瑾。不料，刘瑾颇有心机，说服了皇上，倒打一耙，抓捕了正直的王岳，迫使刘健、谢迁等元老罢退。言官戴铣等 21 人闻讯后仗义执言，要求保留刘健、谢迁，弹劾刘瑾，结果统统被逮捕入狱。虽然是皇帝和奸臣胡作非为，众臣却敢怒而不敢言。在黑白颠倒的形势下，忠君该怎么个忠法，正义该怎么伸张？当然，作为臣子，王阳明也只有上书一法，但上书的文章怎么写，大有讲究。读阳明先生这篇《乞宥言官去权奸以章圣德疏》（乞求赦免谏官，割除权奸，以彰显圣德的上书），令人动容。文章不长，但文如其人，字里行间透露出阳明先生的精神和智慧，以及那个时代的信息，非常宝贵，值得摘录并翻译。

【原文】

臣闻君仁则臣直。大舜之所以圣，以能隐恶而扬善也。臣迩者窃见陛下以南京户科给事中戴铣等上言时事，特敕锦衣卫差官校拿解赴京。臣不知所言之当理与否，意其间必有触冒忌讳，上干雷霆之怒者。但铣等职居谏司，以言为责；其言而善，自宜嘉纳施行；如其未善，亦宜包容隐覆，以开忠谠之路。

乃今赫然下令，远事拘囚，在陛下之心，不过少示惩创，使其后日不敢轻率妄有论列，非果有意怒绝之也。下民无知，妄生疑惧，臣切惜之！今在廷之臣，莫不以此举为非宜，然而莫敢为陛下言者，岂其无忧国爱君之心哉？惧陛下复以罪铣等者罪之，则非惟无补于国事，而徒足以增陛下之过举耳。然则自是而后，虽有上关宗社危疑不制之事，陛下孰从而闻之？陛下聪明超绝，苟念及此，宁不寒心！

况今天时冻沍，万一差去官校督束过严，铣等在道或致失所，遂填沟壑，使陛下有杀谏臣之名，兴群臣纷纷之议，其时陛下必将追咎左右莫有言者，则既晚矣。伏愿陛下追收前旨，使铣等仍旧供职；扩大公无我之仁，明改过不吝之勇；圣德昭布远迩，人民胥悦，岂不休哉！

臣又惟君者，元首也；臣者，耳目手足也。陛下思耳目之不可使壅塞，手足之不可使痿痹，必将恻然而有所不忍。臣承乏下僚，僭言实罪。伏睹陛下明旨有“政事得失，许诸人直言无隐”之条，故敢昧死为陛下一言。伏惟俯垂宥察，不胜干冒战栗之至！

【翻译】

我听说君主仁义，臣子就正直。舜帝之所以是圣人，就是因为他除恶扬善。最近听说，陛下因为南京的言官戴铣等人上言时事，特令锦衣卫派官校将他们抓捕，并押解到北京。我不知道他们所言是否有理，料其措辞一定犯了忌讳，触怒了陛下。但言官的工作就是提意见，这是他们的职责所在。意见提得好，应当嘉奖，应该采纳；说得不好，亦要包容，这样才能打开言路，听到好意见。

但现在公开下令把他们逮捕，陛下的用意，不过是惩前毖后，让以后的言官不敢轻言妄论，并不是一怒之下要将他们一棍子打死。但下面的老百姓不知陛下的真意，生起疑惧，我为此感到痛惜。朝廷的大臣们都认为陛下的做法欠妥，但没人敢对陛下说真话，这并非因为他们没有忧国爱君之心，他们是害怕得罪陛下，遭到戴铣等人同样的下场。这样谏言对国事无补，还增加陛下的过错，所以大家都闭嘴了。但是，这么一来，以后碰到危及国家体制的大事，陛下您又从哪里听闻呢？陛下聪明绝顶，如果意识到这一点，恐怕也不免寒心吧。

况且现在天寒地冻，差去的官校如约束过严，把戴铣等人整死，尸体填了沟壑，陛下就会落下“诛杀谏臣”的恶名，导致官员们纷纷非议。到那个时候，陛下再埋怨身边没有劝谏你的人，就悔之晚矣！所以希望陛下收回成命，让戴铣等人官复原职。这样既表达了陛下的大公无私，还表达了陛下改正错误的勇气，圣德昭布天下，人民都高兴，这样处理就把问题解决了。

打个比喻，陛下您是头脑，我们大臣是耳目手脚。头脑怎会忍心让耳目失灵，让手脚萎缩呢？我不过暂当个小官，讲这些话已经越位有罪了。但陛下宣布过“政事得失，允许大家畅所欲言”。所以我冒死直言，盼望陛下明察宽免，不胜战栗。

这份上书正义凛然，有理有节，滴水不漏。而且《乞宥言官去权奸以章圣德疏》这个题目原来是没有的，是后人整理文档时加上去的。就是说，为了避免过分刺激皇上，不让皇上重复同样的错误，阳明先生通篇只字不提“去权奸”这类字眼，可谓用心良苦。

即便如此，上书还是落入奸人之手。正常的道理和逻辑，坏人是不屑一顾的。“你王阳明区区一书生，居然不识时务，敢在太岁头上动土，得给点颜色让你看看。”欲加之罪，何患无辞！坚持正义的王阳明在劫难逃。尽管在劫难逃，还是迎难而上，这就是阳明先生的正义和良知。

在这一点上，稻盛先生完全一样。

稻盛先生从小就有强烈的正义感，见不得违背良心的不公平的事。

稻盛大学毕业后进松风工业公司工作，一年后发明了精密陶瓷新材料并用它开发出产品，获得了松下电子的大量订单，他领导的“特磁车间”开足马力生产，还是供不应求。但因松风工业长期亏损，工人待遇不高，劳资矛盾尖锐，工会经常号召罢工。稻盛认为，罢工直接影响交货，对不起客户松下。另外，罢工让企业亏损更加严重，罢工要求提高待遇的目的更难达到。因此，稻盛说服自己部门的员工拒绝罢工，这就得罪了工会的激进分子。

另一个现象是，工人工资不高，白天磨洋工，晚上加班混加班费。稻盛却在自己的部门禁止加班。理由是不必要的加班增加产品成本，降低产品竞争力。如果产品质高价低，竞争力十足，待订单雪片般飞来，忙不过来，加班才有价值。道理是道理，但稻盛的部下工作辛苦，没有加班，收入比别的部门还低，难免有人抱怨。

还有，“特磁车间”有一位吊儿郎当的员工，屡教不改。对这种害群之马，稻盛忍不住说：讲了多少遍，你都充耳不闻，你辞职吧，我们部门已经不需要你。

这家伙火速告到工会，怒吼：“稻盛这小子有什么权力解雇我?!”于是工会采取紧急行动，把稻盛带到厂门口的广场上，让他站在包装箱上，展开批判声讨：

“这个人是公司的走狗，欺负我们弱势工人，讨好公司，比老板还苛刻。正因为有这样的内奸，我们工人才遭受剥削，苦不堪言。今天他居然要我们一位工人兄弟辞职，是可忍，孰不可忍？让这家伙滚蛋才对，是不是啊?！”于是众人一齐高呼口号，义愤填膺。

稻盛毫不退缩，正义感促使他坚持正道，他毅然反驳道：“工会干部们，我既不是公司的走狗，也不是工会的敌人，我不过是坚持作为人应该做的事。如果你们认为，整天不务正业、消极怠工、要让公司破产的人是对的，而坚持正道、拼命工作的人是错的，那我立即辞职。”

尽管义正词严，但工会的激进分子根本听不进去。

当晚，十余位工会狂热分子等在路上，准备伏击围殴稻盛。稻盛见情况不妙，抱着洗澡工具，拔腿一口气跑回宿舍。这些家伙不依不饶，追打到宿舍。稻盛眉心间受伤，滴血不止。然而，稻盛一脸正气，毫不畏惧。这些家伙反倒害怕了，于是撤退。

第二天，他们断言“稻盛那小子吃了苦头，不敢再上班了”。不料，稻盛头上缠着绷带出现在公司，像平日一样，该干啥干啥——邪岂能压正！

那帮家伙下手不轻，那伤痕至今留在稻盛的脸上。但通过这一幕，坚持正义的信念更清晰地铭记在稻盛的心头。

当然，作为一个 25 岁左右的年轻人，稻盛难免痛苦矛盾：“公司的研究工作不顺利，人际关系不和谐。我的心伤痕累累，隐隐作痛，我不知道怎样缓解这种痛苦。”于是唱一曲抒情童谣《故乡》，打起精神，鼓足勇气，投入第二天的工作。

因为“特磁车间”没受罢工影响，与松下的生意进展顺利。公司董事将一只信封放在稻盛面前，里面装着一叠钱。稻盛断然拒绝，拒绝理由铿锵有力：我反对罢工，坚持工作，是为客户着想，是让伙伴获得成长，是实现我个人坚守正道的信念。我不需要额外的报酬。

时代不同，国家不同，文化不同，问题不同。但正义是人类永恒的主题。

3. 谦虚：谦虚的本质是无我

谦虚是良知的重要项目，傲慢遮蔽良知。小人物、大人物概莫能外。

成功就会傲慢，这简直是历史规律，连许多叱咤风云的大人物也在所难免。成功之前，人们往往把身段放低，谦卑有礼。成功之后，在口头上，成功人士虽然也会强调“要谦虚，不要骄傲”，“骄兵必败”，等等，并且常常引经据典，向部下说明谦虚何等重要，翘尾巴多么危险。但一旦成功，他们仍然会滋生傲慢，而傲慢情绪一起来，就会蒙蔽他们的良知，对人对事做出错误判断，从而带来重大失败。

那么，为什么人一旦成功就会傲慢呢？怎样才能从根本上遏制傲慢呢？

获得成功，特别是重大成功的人，自有他的过人之处，但也有天时、地利、人和等各种因素，所谓“时势造英雄”。而成功者容易被成功冲昏头脑，产生错觉，认为成功是因为自己决策正确，是自己在关键时刻起了关键作用，没有自己就没有成功，自己才是英雄，是自己“英雄造时势”，别人的作用、别的因素无足轻重。

同时，成功者周围往往不乏掌声、鲜花和喝彩，有时钦佩赞赏扑面而来，让他陶醉，如饮甘露，心旷神怡。在这种氛围中，他便从内心确认自己真的不同寻常。

另外，发自内心的歌功颂德和居心叵测的阿谀奉承，往往难以区分。特别是那些别有用心的小人，干正事本事不大，却善于揣摩上司的心理，投其所好，借此顺势向上爬。或者自己有劣迹，因为心虚而寻求权力保护。为此，他们往往挖空心思，不惜用肉麻的语言溜须拍马。如果上级领导自己不清醒，自己不出面制止，或者半推半就，吹捧之声就不易断绝，乃至登峰造极。在这种情势中，理智的声音、逆耳的忠言反而显得格格不入，就会被淹没，受排斥、遭猜忌甚至憎恨。在封建王朝历史悠久、封建遗毒阴魂不散的中国，这种浅薄的所谓颂圣文化尤其突出，极易死灰复燃。

关于谦虚，我们历代圣人贤人有许多精辟的论述。而阳明先生对谦虚是“知之真切笃实，行之明觉精察”。

讨伐匪贼，屡建奇功，民众欢呼，弟子赞叹。此时，阳明不仅没有丝毫陶醉，也没有讲什么“不可骄傲”之类的套话，他的话深刻至骨髓。他给弟子的信中说：“‘破山中贼易，破心中贼难。’区区剪除鼠窃，何足为异。若诸贤扫荡心腹之寇，以收廓清之功，此诚大丈夫不世之伟绩。”

就是说，破灭山中贼，剪除强盗窃贼，算不上什么值得一提的功绩。如果能够扫荡包括傲慢在内的心中贼，让良知发扬光大，这才是大丈夫超越时代的丰功伟绩。

人生什么最有价值？价值观的重点放在“破心中贼”这个难点上。在功成名遂时，只有阳明先生这样的哲人才说得出这种流传千古的金玉良言。

阳明先生说：“千罪百恶，皆从傲上来。”“人生大病只是一‘傲’字。为子而傲必不孝，为臣而傲必不忠，为父而傲必不慈，为友而傲必不信。……谦者众善之基，傲者众恶之魁。”

怎么办呢？“无我自能谦”——阳明先生画龙点睛。说到底，无私忘我的人才能始终保持谦虚。

稻盛先生就是这样的人。

稻盛先生发明了精密陶瓷新材料，创造了“又一个新石器时代”，特别是他废寝忘食开发的超 LSI 半导体封装，席卷全世界的 IT 市场，企业以惊人的速度成长，京瓷的股票一度雄踞日本第一，周围一片赞扬之声。这时候，在不知不觉中，稻盛也不由得傲慢起来，他沾沾自喜，开始迷信自己的才能。他觉得：自己才能非凡，又夜以继日工作，取得了如此巨大的成功，还有什么必要继续拼命工作呢？而希望获得与自己的贡献相对应的报酬，那不是天经地义的吗？

但是，稻盛很快意识到，失却谦虚，怠惰起来，最终必然没落下去。他猛烈反省，他的思考进入的境界是：才能不可私有化。

稻盛先生认为，我们人并不是凭借自己的意志来到世上的，个人的才能不过由上苍偶然赋予。经营这个事业，开发这项技术，“完全没有‘非稻盛和夫’不可的必然性。别的A先生、B先生都未尝不可”。才能出众，聪明能干，事业成功，但是带来成功的才能本身，实际上是上苍所赐，不属于自己。将本来就不是自己固有的东西据为己有，这就违背了上苍的意志。

稻盛先生认为，人的本质都是平等的存在。每一个人，都是偶然被赋予了某种才能和容姿来到人间，在现世这个舞台上扮演他一生的角色。有人当主角，有人当配角，有人当反面角色，有人负责小道具、大道具等舞台装置，还有人负责戏场内的打扫整理。所有的人都不过是本质相同的、只能称为“存在”的化身而已。这部戏剧，也就是说这个社会，是由扮演所有这些角色的人一起来演绎的。而自己只不过是在这个现世扮演了某个主角而已。完全没有非自己不可的必然性。因此，“我的才能只是上苍在现世一时寄托在我身上的东西"。自己根本就没有据以骄傲的资本。把自己的才能当作自己的私有物品，那是完全搞错了。

稻盛先生认为，"不可把自己的才能私有化"，这一思想要真正付诸实践，就要强制自己采取非常严格的生活态度和生活方式。不允许将才能当作自己的东西使用，就意味着要舍弃个人，为社会效劳，就必须对自己严加管理。

然而，当认为自己的才能是自己的私有物的那一瞬间，人就已经傲慢了，这意味着过去的成功都将付诸东流。所以，虽然是非常严格的生活方式，但是持有这种生活态度却是领导人极其重要的素质。

"正因为领悟了这一点，我后来的人生才会如此顺畅，如此幸福"，这就是稻盛的宝贵经验。

抱有这种"才能观"的人，不容易骄傲起

来。尽管如此，自以为是、骄傲自满的念头，有时在无意识中仍会冒出来。为了不让这种情绪轻易控制自己，该怎么办呢？稻盛先生的经验是“给自己一个反省的机会”。自己说的话说过了头，出现了骄傲的苗头，回到家里，对着镜子，稻盛先生会严厉地斥责自己：“混账！”然后又说：“神啊！对不起！我向您认错。”又说：“神啊！谢谢您，因为是您让我意识到自己不对。”让这种反省的话语脱口而出。稻盛先生说，他从年轻时就养成了这种习惯，这种习惯起到了修正轨道的作用，使自己一生未曾脱轨，能够在正确的道路上勇往直前。

稻盛先生把自我反省作为自己每天的功课，实践至今。

在京瓷业绩迅猛增长的关头，稻盛先生连续两年提出的公司年度口号就是：“要谦虚，不要骄傲，努力！努力！再努力！”

稻盛先生就任日航会长时，面对日航内外

的失败主义情绪，面对破产重建的巨大困难，稻盛身先士卒，强调："不屈不挠，一心一意，坚决实现新计划！"

两年七个月以后，日航重建成功，再次上市，稻盛强调："要谦虚，不要骄傲，努力！努力！再努力！"

三年后如期退任，在向共同奋斗了三年的日航干部员工表示由衷感谢的同时，稻盛的临别赠言是：爱说的人多，实干的人少；实干者中持续实干的人更少；持续实干者中受人尊敬的人更是少而又少。

什么人受人尊敬？就是持续实干，干出成就又始终保持谦虚的人，就是甘心把自己的才能用于为他人为社会服务的人。也就是王阳明讲的"无我能自谦"的品格高尚的人。

4. 攻心：以良知唤醒良知

能攻心，则反侧自消，从古知兵非好战；

不审势，即宽严皆误，后来治蜀要深思。

成都武侯祠的这幅三十个字的绝妙对联，说的不仅是军事、政治，而且是哲学；不仅治蜀、治军、治国、治企适用，治家也适用。可以说，任何时代的任何组织治理，都需要这一思想信条。

什么叫“能攻心”？就是能让人心服。怎样才能让人心服？除了自己有足够实力、足够底气之外，主要是自己的思想行为值得别人从内心尊敬，自己的真心诚意能让对方禁不住感动感激。换句话说就是“致良知”，把良知发挥到极致。

“能攻心”有代表作吗？阳明先生五百年前的《告谕浰头巢贼》就是令人叹为观止的一篇。不论是当时浰头地区（位于今广东省河源市和平县）的土匪，还是当时的官兵、百姓，甚至五百年后，与当事人毫不相干的我们，今天来读它，也不免为之感动流泪，禁不住拍案叫绝。

《告谕浰头巢贼》这篇告示的对象是文化水平不高的人，必须通俗易懂。虽然是文言文，但除个别注解外，不需要翻译我们也能读懂。

《告谕浰头巢贼》全文：

本院巡抚是方，专以弭（平定）盗安民为职。莅任之始，即闻尔等积年流劫乡村，杀害良善，民之被害来告者，月无虚日。

本欲即调大兵剿除尔等，随往福建督征漳寇，意待回军之日剿荡巢穴。后因漳寇即平，纪验斩获功次七千六百有余，审知当时倡恶之贼不过四五十人，党恶之徒不过四千余众，其余多系一时被胁，不觉惨然兴哀。

因念尔等巢穴之内，亦岂无胁从之人。况闻尔等亦多大家子弟，其间固有识达事势，颇知义理者。自吾至此，未尝遣一人抚谕尔等，岂可遽尔（突然）兴师剪灭；是亦近于不教而杀，异日吾终有憾于心。

故今特遣人告谕尔等，勿自谓兵力之强，更有兵力强者，勿自谓巢穴之险，更有巢穴险者，今皆悉已诛灭无存。尔等岂不闻见？

夫人情之所共耻者，莫过于身被为盗贼之名；人心之所共愤者，莫甚于身遭劫掠之苦。今使有人骂尔等为盗，尔必怫然而怒。尔等岂可心恶其名而身蹈其实？又使有人焚尔室庐，劫尔财货，掠尔妻女，尔必怀恨切骨，宁死必报。尔等以是加人，人其有不怨者乎？

人同此心，尔宁独不知；乃必欲为此，其间想亦有不得已者，或是为官府所迫，或是为大户所侵，一时错起念头，误入其中，后遂不敢出。此等苦情，亦甚可悯。然亦皆由尔等悔悟不切。尔等当初去后贼时，乃是生人寻死路，尚且要去便去；今欲改行从善，乃是死人求生路，乃反不敢，何也？

若尔等肯如当初去从贼时，拚死出来，求要改行从善，我官府岂有必要杀汝之理？尔等久习恶毒，忍于杀人，心多猜疑。岂知我上人之心，无故杀一鸡犬，尚且不忍；况于人命关天，若轻易杀之，冥冥之中，断有还报，殃祸及于子孙，何苦而必欲为此。

我每为尔等思念及此，辄至于终夜不能安寝，亦无非欲为尔等寻一生路。惟是尔等冥顽不化，然后不得已而兴兵，此则非我杀之，乃天杀之也。今谓我全无杀尔之心，亦是诳尔；若谓我必欲杀尔，又非吾之本心。

尔等今虽从恶，其始同是朝廷赤子；譬如一父母同生十子，八人为善，二人背逆，要害八人；父母之心须除去二人，然后八人得以安生；均之为子，父母之心何故必欲偏杀二子，不得已也；吾于尔等，亦正如此。

若此二子者一旦悔恶迁善，号泣投诚，为父母者亦必哀悯而收之。何者？不忍杀其子者，乃父母之本心也；今得遂其本心，何喜何幸如之；吾于尔等，亦正如此。

闻尔等辛苦为贼，所得苦亦不多，其间尚有衣食不充者。何不以尔为贼之勤苦精力，而用之于耕农，运之于商贾，可以坐致饶富而安享逸乐，放心纵意，游观城市之中，优游田野之内。岂如今日，担惊受怕，出则畏官避仇，入则防诛惧剿，潜形遁迹，忧苦终身；卒之身灭家破，妻子戮辱，亦有何好？尔等好自思量。

若能听吾言改行从善，吾即视尔为良民，抚尔如赤子，更不追咎尔等既往之罪。如叶芳、梅南春、王受、谢钺辈，吾今只与良民一概看待，尔等岂不闻知？

尔等若习性已成，难更改动，亦由尔等任意为之；吾南调两广之狼达，西调湖、湘之土兵，亲率大军围尔巢穴，一年不尽至于两年，两年不尽至于三年。尔之财力有限，吾之兵粮无穷，纵尔等皆为有翼之虎，谅亦不能逃于天地之外。

呜呼！吾岂好杀尔等哉？尔等苦必欲害吾良民，使吾民寒无衣，饥无食，居无庐，耕无牛，父母死亡，妻子离散；吾欲使吾民避尔，则田业被尔等所侵夺，已无可避之地；欲使吾民贿尔，则家资为尔等所掳掠，已无可贿之财；就使尔等今为我谋，亦必须尽杀尔等而后可。吾今特遣人抚谕尔等，赐尔等牛酒银两布匹，与尔妻子，其余人多不能通及，各与晓谕一道。

尔等好自为谋，吾言已无不尽，吾心已无不尽。如此而尔等不听，非我负尔，乃尔负我，我则可以无憾矣。呜呼！民吾同胞，尔等皆吾赤子，吾终不能抚恤尔等而至于杀尔，痛哉痛哉！兴言至此，不觉泪下。

所谓“攻心”，用现代话来讲，就是做思想工作。也就是用自己的良知来唤醒对方的良知，哪怕对方是盗贼，也相信他有良知，只要喻之于义，动之于情，晓之于利害，就可能让他良心发现。从这点上看，阳明先生不愧为洞悉人心、善于做思想工作的超级大师。

在这里，我们也可以进一步理解阳明先生所讲的“致良知”，也就是“致知格物”究竟是什么。阳明先生说：“鄙人所谓致知格物者，致吾心之良知于事事物物也……则事事物物皆得其理也。”这时所谓“事事物物”之一，就是“剿匪”。将心中的良知用在“剿匪”这一事物上，仁至义尽，具体所得之理，就是《告谕浰头巢贼》这番大道理。阳明先生就是这样来“致良知”的。

2010 年 1 月 19 日，日本航空公司正式宣布破产重建。日本舆论是清一色的悲观，各种报刊集中火力，对日航口诛笔伐，同时认为日航重建一定失败，“二次破产必至”。甚至有人反对重建日航，认为那是浪费纳税人的金钱，是破坏市场竞争的环境。日本舆论界的所谓精英们举出种种事例，连篇累牍，详细分析日航的历史和现状，借以证明日航已经病入膏肓，无可救药。他们列举的都是事实，他们分析得头头是道，然而，他们的结论却是错的。因为他们忽略了事物的本质。

在舆论一片批评指责中，日航的员工们士气低落。另外，原来的领导班子集体引咎辞职，新的经营班子还没有到位，公司处于一盘散沙的状态。

稻盛先生当然知道重建日航的艰难，但他抓住事情的本质，这个本质异常简单。稻盛先生认为：只要日航的全体员工热爱日航，愿意为重建日航不遗余力，日航重建就一定能成功。

热爱日航，成功重建日航，这符合日航员工的利益，本来就是日航员工的愿望，也是日航员工的所谓“良知”，问题是怎么把这种良知激发出来，变成他们自觉的行动。

2010 年 2 月 1 日，稻盛先生正式出任日本航空公司会长，当天便发给日航全体员工一封公开信。这封信要点如下：

1. 因为日航进入申请破产重建的法律程序，有人担心日航形象损坏，甚至影响航班正常运行，但由于日航员工热爱日航，在严峻的状况下顽强努力，航班没有发生任何混乱。

2. 虽然自己新来乍到，对日航各方面情况不太了解，正在拼命学习，但对日航重建计划的落实具备信心。

3. 根据自己长达 50 年的经营经验，成败决定于能否营造公司氛围，使每位员工都热爱公司，愿意为公司发展不遗余力。

4. 企业的宝贝是员工，是员工的心。只要员工从内心愿意为公司发展做贡献，企业就能持续繁荣。

5. 自己来日航的目的是，让辛苦工作的全体员工获得物质和精神两方面的幸福。为此一定会深入现场，与大家促膝谈心，听取大家的意见建议，同时把自己的想法告诉大家。

6. 日航有许多品格优秀、能力出色的人才。希望大家齐心协力，用更开朗的态度向客人提供更温暖的服务，让客人真正喜欢日航。

7. 在安全上更要采取万全之策，获得客人的信任。

8. 坚信只要每位日航员工都抱有无论如何也要重建日航的强烈愿望，并付诸行动，日航一定会成为值得大家自豪的公司。

9. 自己一定站在前头，竭尽全力，与大家共同奋斗，让日航成为全世界最优秀的航空公司。

我后来听日航的员工讲，这封信就像及时雨，滋润了他们的心田，让他们在黑暗中看到了一线曙光。

在企业刚宣布破产时，就说不但要重建，而且要成为全世界最优秀的公司，这就是稻盛的风格。当时没有人真正相信，但出乎所有人的意料，仅仅10个月，梦想就成真了。

然而，道路绝不平坦。稻盛先生踏进日航，召集日航干部开会，了解日航各方面的情况后才得知，日航糟糕的程度大大超出了他的预想。

由于日航这个5万人的庞然大物的巨大惯性，开头几个月，日航依然每天大额亏损，流血不止。日航的干部虽然大都出身于名牌大学，但是，他们“连一个蔬菜铺子也不会经营”。把企业搞破产了，自尊心倒是挺强的，开起会来只知道推卸责任。同时在部分干部中，失败主义情绪严重。他们认为，由于长期的不景气，日航一流的人才都离开了；与竞争对手全日空相比，日航的飞机设备老旧，IC 系统落后；日航宣布破产重建，砸了牌子，形象损毁；要解雇三分之一即 16000 名员工，留职的干部要大幅削弱工资，人心浮动。

更要命的是，他们不相信稻盛这位从制造业来的外行，一位 78 岁的老头。他们认为，稻盛那套讲给小学生听的、唯心主义的说教救不了日航。

稻盛先生是一位高明的心理学家，除了在每天碰到的具体事情上言传身教之外，为了让日航干部尽早掌握经营企业的哲学和实学，从 6 月 1 日起，特地安排了日航 52 位高层干部一个月 17 次的集中学习。在这之前，5 月 20 日，稻盛先生给日航干部写了一封信。

经过 3 个月的共事，稻盛对日航的毛病已经了如指掌。这封信直击要害，同时鞭策鼓励的力度很大。

信的要点如下：

首先是充分肯定大家3个月来的努力。告诉大家严峻的形势还将持续一段时间，希望大家硬着头皮顶住，继续努力。鼓励大家站在重建第一线发挥骨干作用，在这个过程中成长为真正的经营者。为此：

1. 首先要真诚反省。日航到底哪里不好？自己究竟哪里做得不好？把病根找出来。

2. 这时需要的是“谦虚”。人是脆弱的动物，当问题发生时，出于自我保护的本能，人们往往不是检查自己，而是责备别人。总是找理由推卸责任，为自己和自己的部门辩护。但是，如果大家都认为自己没错，自己没有责任，错都在别人，都把问题推向客观，都认为自己不需要改变，那么日本航空的重建是不可能的。

3. 经过认真反省之后，就会知道下面该怎么办。这时候需要的是“勇气”。其实，过去有许多事情大家也明白该怎么办，但没能实行，就是因为缺乏勇气。顾虑别人对自己的评价，害怕得罪上司，害怕遭到部下的抵制。担心一旦失败了该怎么办，犹豫不决，患得患失，因而没有勇气去实行，让不好的现状维持不变。这一次，对过去的做法都要重新审视，需要改革改善的地方要拿出勇气坚决进行改革改善。

4. 在进行改革改善时，需要的是“坦诚”。所谓“坦诚”，就是要如实承认自己的不足，认真听取客人和部下的意见。对的就要坚持，错的就要改进。只有抱坦诚的态度，善于向别人学习的人，才能不断成长。

5. 同时，领导者必须站在第一线，付出不亚于任何人的努力。部下看到自己的上司那么拼命努力，受到感动，觉得“我也得努力”。领导者的努力程度必须不亚于任何人。

6. 领导者必须在各自的部门里向部下诉说

“梦想”。我们现在确实局面被动，但只要克服这些困难，我们的部门会有如此光明的前景，日航一定会成为最出色的公司。必须诉说这样的梦想，并与部下全体人员共同拥有这个梦想。只要有梦想，就会转变为能量，使部门里充满朝气。

7. 同时，最重要的是“感谢”。由于自己不争气，日航陷入这样的困境。但是，还有许多客人来搭乘日航，社会也很宽容。对此要由衷表示感谢。抱有感谢之心，就会变得谦卑，就会待人亲切，就会用发自内心的笑容来待人接物，就能打动乘客的心，让他们喜欢日航。要以自己的真诚重新获得客人的信任。

8. 要求大家具备经营者的意识。为此，首先需要的是“核算意识”。日航的经营依靠航空运输事业，只有通过飞机载客运货才能获利。不了解每条航线详细的收支内容，就不明白亏损的原因，当然也不知道应该采取什么对策。这个问题要立即解决。

9. 这样，再变更组织体制，使日航能根据各条航线的收益数据来开展经营。具体说，各条航线和销售部门作为利润中心，要明确各自的利润目标，并负责达成目标。其他部门作为成本中心，要明确削减成本的目标，并负责达成目标。

稻盛要求大家务必做到这9条。稻盛告诉大家：只要掌握这9条，你们都能成长为出色的领导人，优秀的经营者，日航重建必将成功。

最后，稻盛先生斩钉截铁地说：只要我们的每一位干部都有这种决心和气概，那么，毫无疑问，日航不但能重建，而且一定能成为全世界有代表性的优秀的企业。为了员工，为了援助我们的国民，让我们共同点燃火一般的热情，发愤图强，拼死努力。我衷心期盼大家奋起战斗！

反省、谦虚、勇气、坦诚、努力、梦想、感谢、核算、体制，这9条就是日航起死回生所需要的“良知”。

当然人的观念转变谈何容易，特别是那些头脑聪明的所谓精英，他们很难接受做人做事最朴实的哲学。稻盛先生在循循善诱的同时，又给予他们严厉的批评。

稻盛先生说：“日航无论如何都要重建，要成为一个正常的企业。为此，‘应该正确做人’，‘应该以正确的方式将正确的事情贯彻到底’。这些最基本的道理必不可缺。确实是很简单、很质朴的道理。但如果对这种做人的原理原则不接受，或者不愿遵循、不能实践的人，那么请你们尽快辞职。因为靠这样的人重建日航是根本不可能的。”

经过反复的、坚持不懈的教育，终于有一位干部开窍了，他发表感想说：“正像稻盛先生所说，小时候老师、家长教我们的这些道理，几十年来，我不仅没有掌握，没有实行，而且根本不重视，如果我早早明白这些道理的重要性，那么日本航空就不会有今天破产的下场。确实是我们怠慢了，忽略了做人做事的原则。从今天起，我要革面洗心，彻底改变自己，天天给部下讲哲学，努力与他们共同拥有正确的哲学。”

一石激起千层浪。他的感悟很快引发日航干部们的共鸣，他们决定认真学习并实践稻盛先生的哲学。

稻盛先生相信人的良知，相信“人皆可以为尧舜”，自己率先垂范，一心一意，不屈不挠，终于用自己的良知唤醒了日航干部员工们的良知，大家认真实践上述 9 条，齐心协力，改革改进，日航业绩由此节节攀升，不到一年就做到了全世界第一。

5. 乐观：是天性更是信念

小时候喜欢读《陋室铭》，其中“山不在高，有仙则名；水不在深，有龙则灵”一句永世不忘。《陋室铭》最后一句是：“孔子云：‘何陋之有？’”

阳明先生流放之地极偏远，极艰苦。阳明先生的《何陋轩记》描述了他在恶劣环境中的乐观心境，还描述了五百年前的少数民族。他们粗鲁、迷信却禀性淳朴，阳明先生用热情的目光看待他们，断言他们不难教化。

我想，翻译古文同翻译外文一样，译对也

许不难，译好就不容易。好在这方面不乏专家，我的翻译如有不妥，敬请指正。《何陋轩记》要点，意译如下：

孔子想搬到河南的九夷去住，有人就说那儿简陋。孔子说："君子居之，何陋之有？"

我王守仁被贬龙场，龙场僻远得很，朋友们担心我住惯了京城，那简陋之地，不是我的宜居之所。但是我住了十个月，感觉安心而且快乐，没有发现夷人（当地百姓）有多落后、多野蛮。他们结发于额，说话似鸟语，穿着奇特，无好车好房，也无繁文缛节，有的只是淳朴的遗风……夷人喜欢骂人，但心直口快。世人因他们说粗话就看不起他们，我却不以为然。

我初来此地，居无住室，先住棘丛，后住石洞，又昏暗又潮湿……夷人帮我伐木建房，我在周围种上桧柏和竹子，又栽上芍药等花卉，屋里摆好琴书史册。文人学士来访渐多，迎来送往，繁忙如都市，以至让我忘记这里是夷地。于是我把此屋加上“何陋轩”这一雅名……比起内地那些狡诈阴险之辈，无恶不作之徒，这里的百姓太单纯了。他们好比尚未雕凿的璞玉，尚未加工的树木，虽然粗糙，却是锥子斧头的用武之地，岂可鄙视？想来，此地应该也是孔子欲居之地吧。虽然现在这里还信巫术，敬鬼神，不讲礼仪，任性随情……但这些无损于百姓优良的本质。如果有正人君子住下，认真教化他们，应该容易见效。而我本人力不胜任，所以写下此记，以待来者。

这篇文章的字里行间，洋溢着阳明先生乐观的天性和积极正面看人看事的人生观。将住室以“何陋轩”命名（另外，还有“玩易窝”），就让我们莞尔一笑。周围还种上柏、竹、花卉，把环境搞得很美。屋里摆好琴书史册，还我书生本色。有朋自远方来，应接不暇，不亦乐乎。要做的事情，要思考的问题很多很多，哪有工夫抱怨发愁。特别是同当地居民打成一片，似乎一点也不难，他们虽然有点落后，还信鬼神，也不那么彬彬有礼，但他们心地善良，单纯淳朴，乐于助人，比起京城里那些阴险狡诈的政治对手，与他们打交道简直是一种享受。

与《何陋轩记》的明亮色彩相比，《瘗旅文》有点伤感，流露悲哀之情，但总体仍不失乐观和达观。

《瘗旅文》是阳明先生埋葬客死异乡的旅人的一篇祭文。论述心态好坏关系到人的死活。大意如下：

正德四年秋，某月初三，有位从京师来的狱官，带着一个儿子和一个仆人，路过龙场去上任，阳明先生看见了，但因阴雨天黑，来不及前去叙谈。没想到，第二天中午这位狱官已死在路上。下午他的儿子又死了，第三天连仆人也死在山坡之下。

阳明先生闻讯后，带着两名童子，把三具尸体掩埋了。一时触景生情，引发一番感慨，阳明先生说：

“我知道你会死，因为两天前我隔着篱笆望见你愁容满面，忧心忡忡。其实你大可不必为狱官这份差使和这么一点报酬背井离乡，来此荒蛮之地。但既然你在乎狱官区区五斗米的俸禄，那就该高兴赴任，何苦悲切。

“路途遥远，风餐露宿，攀越崖壁，行走万峰之顶，饥渴劳顿，筋骨疲惫，又有瘴疠侵其外，忧郁攻其中，岂有不死之理？不过，我还是没想到你会死得这么快，还搭上儿子和仆人两条性命。今天我特地来埋葬你们，也引发了我无穷悲怆。

“我是流放到此，离开父母家乡，已有三个年头，然而经历瘴毒却安然无恙，那是因为我不曾有一日郁郁寡欢。今天我悲怆，是因为可怜你们，但我不会过度伤心，我马上就会节哀。

“现在，我以歌唱告慰你们的在天之灵，希望你们听好：连绵的山峰接云天啊，飞鸟不通。怀念家乡的游子啊，不知西东。不知西东啊，头顶苍天共有。异乡离家遥远啊，却也在四海之中。乐观主义者处处为家，何苦恋那老家一栋？魂啊魂啊，不悲毋恐！”

阳明先生借题发挥，在告慰不幸死去的旅者时，也抒发自己的情感。着重说明自己在艰苦的境遇中安然无恙，只是因为不曾有一日郁郁寡欢。这是阳明先生说给死者的在天之灵听的，也是说给他自己听的。

多年前，我读过一本日籍美裔医学专家写的畅销书《脑内革命》，作者用自己丰富的临床经验和大量科学测定的数据证明，人在思考事情的时候，需要消耗能量，分解被称为“POMC”的蛋白质。思维活动伴随脑内物质的化学反应，思考是一个物质化的过程。哪怕是同一件事，即使是艰难的考验，如果乐观思考，认为是好事，对自己也有益，那么，“POMC”这种蛋白质就会分解出肾上腺素，可以缓解身体的疲乏；同时分解出 β 内啡肽，可以缓解精神压力。这些物质不仅让人心情愉悦，而且具备卓越的药理效果，还有防止老化的作用。相反，如果悲观思考，“POMC”就会分解出具备毒性的去甲肾上腺素以及肾上腺素，还会分解出活性氧这种剧毒物质。

可见，那三位旅人的猝死绝非偶然。五百年前阳明先生的观点，现代医学给予了科学的证明。

皇帝昏庸，恶官当道，政治险恶，这是封建社会常有的现象。阳明先生经历了，看透了，超脱了。

险夷原不滞胸中，
何异浮云过太空？

夜静海涛三万里，
月明飞锡下天风。

阳明先生的《泛海》潇洒又大气。

还有：

危栈断我前，猛虎尾我后。
倒崖落我左，绝壑临我右。
我足复荆榛，雨雪更纷骤，
邈然思古人，无闷聊自有。
无闷虽足珍，警惕忘尔守。
君观真宰意，匪薄亦良厚。

所谓“沧海横流，方显英雄本色”。

阳明先生还有一首我喜欢的诗，很有哲理，超越时代，表达了他自我觉醒的欣喜、对自己的思想学说的信念和乐观态度。

睡起偶成

四十余年睡梦中，
而今醒眼始朦胧。
不知日已过亭午，
起向高楼撞晓钟。
起向高楼撞晓钟，
尚多昏睡正懵懵。
纵令日暮醒犹得，
不信人间耳尽聋。

阳明先生 29 岁在河南濬县监造威宁伯王越墓时，落马吐血。30 岁时发病咳嗽不止，肺疾跟了他一辈子。35 岁时政治上遭到沉重打击，受刑后被贬谪蛮荒之地。后来虽然东山再起，却军务压身，不胜其烦。之所以能够挺住，并成就其心学伟业，保持乐观心态是重要原因，乐观是良知，是生存智慧。“吾心自有光明月，千古团圆永无缺。”有此见识和信念的人，自然能看破红尘，保持光明乐观的心性。

同阳明先生一样，乐观开朗也是稻盛先生的天性，更是他的信念。出身贫困，升学失利，患肺结核，经历战争，求职无门，进入亏损企业，被迫辞职……稻盛的青少年时代充满挫折。他受过痛苦，经历煎熬。但他从来没有被苦难压倒，即使处在人生的谷底，也没有丧失对未来的希望。他虽然生性敏感，有时甚至多愁善感，但总的来说，他是一个乐天派，他从不服输，在逆境中依然努力奋斗。即便别人看来是灾难般的境遇，他照样乐观开朗，积极面对，甚至把灾难看作促使自己成长的机会，因而心存感谢。稻盛先生认为，抱有这种心态，人生就会时来运转。

这是稻盛的经验之谈。稻盛在人生的每个困难关头都有贵人相助。小学毕业升学失利，发烧卧床，准备放弃时，班主任土井老师硬拖着他去参加考试；高中毕业，父亲不让他考大学，辛岛老师专程家访，硬是说服了稻盛父母；大学毕业就职无门，班主任热心斡旋介绍，他总算有了工作；创业时没有资金，西枝先生不仅出资，而且拿自己的房屋担保，从银行借出流动资金……

稻盛的京瓷公司发展迅猛，一路高歌。但一次突如其来的意外打击，让乐天派的稻盛也感觉痛苦，一时情绪低落。

稻盛先生开发的精密陶瓷，从电子领域发展到医疗领域，用精密陶瓷做的人工牙根和人工股关节使用效果优良，获得了厚生省（卫生部）的认可。医院方面恳求京瓷制造陶瓷膝关节。京瓷回答说要等厚生省认可。但医生说，患者等不及，既然股关节已被认可，膝关节肯定没问题，因为是患者的强烈要求，如果有问题，由医院和患者自己负责。在这种情况下，京瓷就同意了。这就违反了新产品需要厚生省事先认可的《药事法》。有人把这事捅给媒体，媒体开始对稻盛先生和京瓷公司口诛笔伐，大肆围攻。

日本人有所谓“岛国心理”，特别是某些报刊的记者，某些所谓社会精英，他们嫉妒心很重，看不得别人比自己好。一旦抓住成功人士的把柄，赶紧幸灾乐祸，上纲上线。什么“恶德经营者”呀，什么“以病人为诱饵，大发不义之财”呀，什么“违法乱纪”呀，等等，大帽子满天飞。尽管稻盛在电视摄像机面前再三低头道歉，他们还是不依不饶。稻盛先生的名誉和信用都受到了很大伤害。

生性正直，以“利他”为信条的稻盛先生，此时也不免痛苦烦恼、坐立不安。稻盛先生想到了圆福寺的西片担雪老师。他赶到圆福寺，向西片老师倾诉自己的委屈。

不料，西片老师却说：“稻盛君，这是没办法的事。你烦恼，正是你活着的证明，这难道不是好事吗？”

这当口，老师说这话，稻盛先生觉得费解。但老师接下来的一段话，让稻盛先生茅塞顿开："灾难消'业'。当灾难发生时，过去包括前世造的'业'也随之消失。过去造过什么'业'无法知道，但是仅仅这种程度的挫折，就能将以往的错误一笔勾销的话，应该高兴才对啊！"

佛教里的所谓"业"就是原因。当原因招致的结果发生时，原因也随之消失。换句话说，不良结果的出现，说明不良的原因已经以灾难的形式表现出来，过去的"业"已随之消失。灾难可以清算和洗涤自己积下的污垢，所以这是好事，不但不应痛苦，而且值得庆贺，应该感谢。何况虽说是灾难，并没有严重到危及生命，不过是遭受了舆论的一顿批判。

原来如此啊！稻盛先生说："西片老师尊贵的教导让我豁然开朗，痛苦郁闷顿时烟消云散，浑身充满了力量。"

对待困难和灾难，抱有如此达观的态度，人生还有什么值得烦恼呢？乐观主义的人生观在稻盛先生的心底扎下了根，成为他终生的信念。

经营企业必须在严酷的市场竞争中不断胜出，经营是苦差事，经营需要坚强的意志，需要燃烧的斗魂，需要压倒一切困难的勇气。但是一味紧张，有张无弛，人很难长期坚持。所以稻盛先生说："以乐观态度面对困难和逆境，是人生成功的铁则，是经营者生存的智慧。"

6. 忍耐：伟人的雅量

稻盛先生是搞陶瓷出身的，对电信行业一无所知，52 岁设立第二电电，开始只有 20 人，挑战 33 万人的 NTT，是蚂蚁战大象，结果大获成功。稻盛先生 78 岁出任破产重建的日航会长，又马到成功，日航成为全世界最优秀的航空公司。

阳明先生并没有多少军事经验，领兵打仗不过是剿灭土匪。一介书生，居然轻而易举就破了宁王的十万大军。

阳明先生和稻盛先生殚精竭虑，鞠躬尽

瘁。他们大功告成了，本来应该获得赞赏和肯定，结果却遭到诽谤和打击。如何应对，这才是更严峻的考验。

阳明先生以迅雷不及掩耳之势平息了“宁王之乱”，活捉了朱宸濠。叛乱已平，事情已经结束了，但皇帝身边的奸臣别出心裁，居然怂恿正德皇帝亲率平叛大军出征。为了让皇帝面子风光，提出了荒唐绝伦的方案，要求阳明先生将朱宸濠释放于鄱阳湖，以便让正德帝再捉一次。从良知出发，为百姓着想，阳明先生只能抗命。奸佞小人放出谣言，污蔑阳明先生与叛军有牵连。朝中有人劝说阳明先生，应顺皇上之意“犹可挽回，万一若逆其意，徒激群小之怒，无救于天下大计”。阳明先生这才将朱宸濠一班俘虏上交，奸人的阴谋才没有得逞。后来，阳明先生在赣州练兵，奸人又想借此挑拨，阳明先生的友人因此担忧。阳明先生作《啾啾吟》一诗作答。

实实落落是个圣贤，纵然人都毁他，也说他不着。却若浮云掩日，如何损得日的光明？”

但是，封建王朝，常有坏人专权。朱元璋的第8代孙子，只活了31岁的正德皇帝朱厚照又是这等水平，所以阳明先生纵有天大的本事，有时也不得不忍耐，委曲求全。朱厚照死、嘉靖帝朱厚熜上台时，阳明先生已经50岁，虽被提拔重用，但身体却日益恶化，阳明先生要求休息调养，朝庭却不管不顾，最后还命他出征广西。阳明的父亲王华活到77岁，祖母岑氏长命达百岁，阳明先生56岁就因病去世。虽然“此心光明”，生命质量高达极致，但英年早逝，令人扼腕。

像阳明先生这样，做好事反遭忌恨的情况，稻盛先生也有类似的遭遇。

日本航空公司宣布破产重建，重建计划需要法院认可，因为要大量削减亏损的航线，必然人浮于事，所以重建计划中有裁减三分之一，大约16000名员工的内容。这个计划在稻盛先生赴任之前，就已经由日本政府和日航共同拟定。同时从法律上讲，宣布破产意味着全体员工都被解雇，重建意味着重新聘用。实际上，裁减员工绝大多数都是采用所谓“希望退职”的形式，真正通过行政措施解雇的只有160多人。这些人与日航打官司虽然输了，但他们不屈不挠，每年都要示威，在每年召开“京都奖”的京都国际会馆附近，甚至在京瓷年度股东大会时，他们都会扯起横幅标语，拿着手提话筒，向稻盛先生表示抗议。稻盛先生当然不接受，但也不能阻止，只好表示理解和包容吧。稻盛先生78岁高龄，冒着玷污晚节的风险，零薪出任日航会长，可谓“动机至善，私心了无”，整整三年，为了重建日航呕心沥血，但还是有人反对甚至攻击他，你说冤不冤？

但是，还有更冤的事情呢。1998年，京

都有一家步话机生产厂家面临破产危机。在这之前，从美国来的订单多如雪片，企业扩建厂房，购置设备，招聘大量员工，但后来订单突然中止，因为是单品生产，企业马上陷入危机。社长上门求救，说他“只想救员工”。这话打动了稻盛先生，稻盛先生去实地考察，并与该企业干部员工喝酒座谈，他们也热切恳请稻盛先生出手相助。稻盛先生仅仅出于侠义之心，没有任何所谓战略战术上的考量，就决定把这家企业收入京瓷麾下，并着手重建。但是数千人的企业，没有产品，没有市场，重建谈何容易。在这过程中，部分激进派工会成员提出了过分的要求，遭稻盛先生断然拒绝后，他们不但组织罢工，而且拥到京都的繁华街市，用高音喇叭进行宣传；甚至到稻盛先生的私宅附近挑衅，发传单、贴标语，用恶毒的语言污蔑中伤；还通过报章杂志发表诽谤言论，破坏稻盛先生和京瓷公司的形象。

然而，稻盛先生不动如山，既不妥协，也不应战，怨言一句不吐，牢骚一句不发，一味忍耐，把精力集中在该企业的产品开发和市场开拓上。日久见人心，最后，除少数人辞职外，大部分人都被稻盛先生的利他精神所感化，该企业也成了京瓷重要支柱之一的电子机器部门。

另外，日本媒体人中还有专门吹毛求疵、与稻盛先生作对的人。该先生还有专著《虚饰的稻盛和夫》，我抱着很大兴趣阅读，期待看到对稻盛先生有分量的批评意见，但读后却颇为失望，因为实在没有什么内容。据说稻盛先生听说后，也不过付之一笑。

无独有偶。对于稻盛先生的一片诚意，中国人中也有异议。

稻盛先生认为，日本向中国学习了一千年。特别是在“正确的为人之道”这一根本问题上，中国古圣先贤们给了他深刻的教诲。作为中日友好使者，他要回报中国，尤其希望把自己在实践这些教诲、在企业经营中获得的成功经验传授给中国的企业家。他不但接受中共中央党校和中国国家经济贸易委员会的邀请来华讲演，而且连续7次接受中央电视台的采访。金融危机期间，又应邀来北大、清华讲演，还与马云、任正非、张瑞敏等中国著名企业家交流。特别是2010年成立“稻盛和夫(北京)管理顾问有限公司”以后，他不顾年高，每年都来中国，义务向中国企业家传授他的经营哲学和实学。

但是，就有一位旅居日本的中国人，他创业后曾在日本上市，在日本媒体界也小有名气。他看到稻盛在中国人气很高，不知出于什么目的，他一方面扮作稻盛粉丝，积极主动与稻盛先生套近乎，并计划当面采访稻盛先生。另一方面，他又用中文在中国的网络上发表了《别被稻盛和夫忽悠了》等等奇文。鉴于他的身份和文章题目的敏感，网络上纷纷转载，一时颇有影响。

对人对事有不同观点，本来很正常，有中肯的批评意见更属可贵。但读他文章的内容却令人失望。我当时写了一篇短文算是答复。

×××，您可别把自己忽悠了！

×××先生您好！

您说您从来没研究过稻盛的理论。对自己从未研究过的东西发表评论，这就不够慎重，也可以说是缺乏责任心。当然，这是您的自由。但是我还是建议您读一本稻盛的书，只读一本就行，或《活法》或《干法》，然后再发表您的高见不迟。这书甚至对您自身的成长，或许也会有益的。

还有，您把您的企业做得再大一点，哪怕做到了稻盛的十分之一，到时再来质疑和批判稻盛和稻盛思想，我想也为时不晚吧。

另外，孙正义先生当了5年“盛和塾”的塾生，前年他曾说“没有稻盛先生的教导，没有稻盛‘敬天爱人’的思想和‘阿米巴经营’，就没有我孙正义的今天”。在去年东京电视台的《寒武宫》第300期节目里，孙正义对稻盛大加赞赏。他俩既是师生关系，又有竞争和合作的关系。他们时而会会面喝酒。稻盛有时或许会批评或赞赏孙正义，这些都很正常。您用所谓“曲意逢迎”，也就是用不太光明正大的方法，去套出稻盛对孙正义的看法，并主观臆测稻盛在“嫉妒孙正义”。您文章的字里行间有点得意扬扬。恕我直言，用中国的谚语，这叫“以小人之心度君子之腹”。

季羡林先生评价稻盛和夫是企业家兼哲学家第一人。但不管稻盛和他的思想哲学有多么了不起，并不能保证一代代京瓷、KDDI，包括今后日航的继承人，都像稻盛一样睿智。正如松下幸之助创建了巨大的松下帝国，而且他也有深厚的哲学素养，却不能保证松下集团永远繁盛，今天松下集团的颓势也非偶然。

在京瓷、KDDI，如果稻盛哲学稀薄化、形骸化了，它们也可能衰败，这不足为奇。跟任何事物一样，企业也有寿命。

但京瓷53年来从未亏损，而且规模这么大了，利润率基本上保持在10%以上。特别是近年来日本许多大企业都不景气，虽然稻盛对京瓷的现状也不满意，但京瓷的股价仍然上升，这就很不简单了。

对稻盛的理论和实践并未认真研究，而且根本不打算学习研究，就急于发表《别被稻盛和夫忽悠了》这样的奇文的人，不仅在忽悠读者，很可悲，他其实还忽悠了自己。说得客气点，这叫缺乏自知之明和知人之明；说得尖刻一点，或许其本人没有意识到，这乃是“自欺欺人”。

在中国在日本，都有以挑剔名人借以炒作

自己、博得自己出名的人，这是一种社会现象。但我想您不应该是这样的人。

这篇短文发布后，这位先生就此刹车。稻盛先生得知此事，未置一词，只是一笑了之。

第三章　良知实践谈

1. 第二电电的兴旺："致良知"的商业案例

"致良知"如何在企业经营中实践？我想举出稻盛先生创办第二电电（现 KDDI）的生动案例。可以说，这是一个把阳明心学在现代商业领域中发挥得淋漓尽致的经典实例。

从"明治维新"以来的 100 多年中，日本的电信电话事业一直由国营的"电电公社"一家垄断。任何事业如果只有一家独占，不许竞争，就会形成大锅饭、低效率的局面。无论资本主义社会还是社会主义社会，在这一点上都一样。稻盛先生早在20世纪60年代就去美国发展。他发现，同美国相比，日本的长途电话费用高得离谱，竟是美国的9至10倍。

1984年，在各方的压力之下，日本政府终于决定打破垄断，在将电电公社民营化、变为NTT的同时，允许其他民营企业参与通信事业。稻盛先生十分期待日本的大企业踊跃响应，参加竞争，以便降低日本的通信费用。

但是，日本的大公司全都按兵不动，因为同实力强大的NTT对抗，风险巨大。

这时候，一贯痛恨官僚垄断的稻盛先生，不禁起了侠义之心，“恻然而悲，戚然而痛，愤然而起”，挺身而出，决心参与通信事业，为降低国民的通信费用而奋斗。

简直是“堂吉诃德挑战风车——不自量力”，社会舆论是一片讥讽之声。

稻盛先生没有理会外界的杂音噪声，他做的事情是叩问自己的良知：“每晚临睡前，我反复扪心自问，我投身电信事业，真的是为了民众的利益吗？我的动机纯粹吗？没有一点儿私心吗？不是为了自己赚钱吗？不是想出风头吧？不是为了留名青史吧？我每晚都不停地逼问自己，花费半年之久。”

最后，稻盛先生确认自己“动机至善，私心了无”，“敢向天地神明宣誓，没有一丝一毫私心杂念”。于是焕发热情和勇气，下定决心，参与竞争，排除万难，去争取胜利。

如何致良知？如何致良知于事业？请看看稻盛先生吧。他居然用半年时间来逼问自己的参与动机，有这个必要吗？其实，逼问动机的过程就是叩问良知的过程，让良知清澈的过程。因为稻盛知道，京瓷作为京都地区一家中型企业，要参与连一流大企业都望而生畏的国家规模的事业，如果领导人有私心，那么，在今后必然遭遇的无数困难中，一定会判断失误，矛盾百出，导致失败。

叩问良知的过程，就是彻底排除私欲的过程。没有私欲之蔽，就能依据“作为人，何谓正确?”的基准，对接踵而来的问题不断做出正确的判断。这正应了阳明先生的话：“圣人之心如明镜，只是一个明，则随感而应，无物不照。”

果然，巨大的困难迎面而来。当稻盛先生设立“第二电电”，宣布参与竞争后不久，又有两家企业举手，也宣布参与竞争。他们认为，既然京瓷这样的“小不点”也敢挑战 NTT 这个庞然大物，那自己也不妨一试身手。一家是“国铁”设立的“日本 TEREKOMU 公司”，另一家是由赫赫有名的日本丰田汽车与日本道路公团共同设立的“日本高速通信公司”。他们可以分别利用铁路沿线和高速公路沿线铺设光缆，很快形成通信网络。这两家公司对稻盛先生要求多铺设一条光缆的正当要求嗤之以鼻。

稻盛大学读的专业是有机化学，京瓷是制造陶瓷零部件的生产型企业，没有通信方面的专业知识和技术。也不像国铁和丰田汽车那样，有许多子公司和关联公司，有强大的企业组织背景。

所以舆论认为，不要说与NTT竞争，哪怕与两家新公司比较，第二电电也处于绝对劣势，第二电电很快就会被淘汰出局。

置于死地而后生。在参与通信事业这百年一遇的机会中，在“降低国民通信费用”这一大义名分的召唤下，第二电电的干部员工们渴望成功，他们憋着一口气，群策群力，全身心投入事业。为开辟微波通信网络，在高山之顶建铁塔，架设大型抛物面天线，不顾酷暑和严寒，以与竞争对手沿铁路和公路铺设光缆的简单作业相同的速度，完成了基础设施的建设。

稻盛的良知不仅唤起了第二电电全体员工的良知，而且唤起了广大日本国民的良知，人们纷纷出手支援。第二电电旗开得胜，开张一年后，在三家新公司中一枝独秀，业绩遥遥领先。

后来，以第二电电为核心，合并了日本高速通信公司和日本最大的国际通信公司，组成了KDDI公司。这中间碰到过各式各样的问题和困难，但是“良知无敌，真心通天”。这三家公司合并，成为日本企业合并史上最成功的案例。KDDI很快进入世界500强的行列，而且33年来发展顺利，2016年的年销售额达47483亿日元，营业利润9130亿日元，利润率高达19%。在除金融业外的日本销售额最大的4家公司（丰田、NTT、软银、KDDI）中，KDDI利润率雄踞第一。

2. 致良知于事事物物

在盛和塾里，稻盛先生指导塾生企业家有三种形式。

第一种形式是稻盛先生发表主题讲演，比如在每年举办的盛和塾世界大会上，在每年的盛和塾塾长忘年例会上，在新的盛和塾开塾仪式上，稻盛都要发表一个小时的讲演。这种不同内容的讲演已超过 130 次。稻盛的讲演每次都堪称经典。

第二种形式是稻盛先生对“塾生体验发表”进行点评。每年的世界大会上，稻盛要对 8 名塾生的发表进行点评。每月的塾长例会上，稻盛要对 2 名塾生的发表进行点评。近年来，在中国召开的“稻盛经营哲学报告会”上，稻盛多次对 6 至 7 名塾生的发表进行点评。这样点评的次数，加起来在 500 次以上。稻盛的点评有长有短，但无不切中要害，让人点头称是。

第三种形式就是经营问答。有专门的经营问答会，也有在恳亲会等场合随时随地的问答，这样的问答也有 200 次以上。

2015 年 7 月初，我们中国盛和塾 50 名企业家专程赶往日本，与稻盛先生展开了面对面的经营问答，我们提出的问题，有些是中国企业特有的难题，提问者做了精心准备，提问的内容稻盛先生事先一概不知，整整一个半小时，稻盛先生的回答紧扣问题的本质，实实在在而又充满哲理。当时稻盛先生已经年近 84 岁高龄，腰痛，身体欠佳，一个半小时紧张的问答，稻盛先生全身心投入。接着举行恳亲酒会，拍照握手问候，应接不暇，又是一个半小时，老人家已经疲惫不堪，送他时，稻盛才说了一句："这是苦修苦行啊！"

把与塾生间的经营问答活动看作"修行"，全然不顾年事已高，全力以赴，全神贯注。稻盛先生再次以自我牺牲的实际行动，诠释了稻盛利他哲学的精髓。听闻 2015 年 7 月下旬稻盛先生因操劳过度，突发较为严重的"带状疱疹"，住院治疗，塾生们心疼不已。

我翻译《稻盛和夫经营问答集》时，让我惊奇的是，对大大小小、各行各业、五花八门，几乎是经营者可能遭遇的所有的经营问题，稻盛都能即刻予以回答，而且一针见血，针针见血，深刻透彻，令提问者和听众们五体投地。稻盛先生这种指导百行百业、出神入化的本领究竟是从哪里来的呢？

稻盛的青少年时代充满了挫折，13 岁时患肺结核，在死神的威胁面前，小小年纪，稻盛就贪婪地阅读起《生命的实相》这本充满宗教哲理的书籍，并开始培养自己“从善意出发思考问题的习惯”。

大学毕业，在松风工业打工时，由于排除了杂念，意识高度集中，稻盛发明了陶瓷新材料，开发成功畅销的新产品，在这过程中，他领悟出了“心纯见真”的哲学。

创立京瓷后，在如何才能避免决策错误的焦虑中，稻盛悟出了判断事物的基准——“作为人，何谓正确？”这就是所谓稻盛哲学的“原点”。

在处理11名高中毕业生的辞职事件中，稻盛又悟出了经营企业真正的目的：“在追求全体员工物质和精神两方面幸福的同时，为人类社会的进步发展做出贡献。”

在组织变大、管理出现混乱时，稻盛从孙悟空拔毛吹出分身的故事中悟出了“阿米巴经营”，把组织划分成小小的独立核算的单位，称为阿米巴。让全体员工参与经营，发挥出众人的力量和智慧。

同时，京瓷的产品从陶瓷零件发展到半导体电子零部件、切削工具、人工骨、再结晶宝石、汽车零部件、太阳能发电基板等等。在这过程中，京瓷又收购合并了某计算器厂、通信机器厂、复印机厂、光学材料厂、有机化工材料厂，乃至美国一万余人的大型电子零部件企业。京瓷的产品也发展到彩色复印机、手机等整机领域。在这个过程中稻盛积累了丰富的经营经验。

稻盛先生在拼命工作的同时拼命思考，他把自己丰富的经营经验加以提炼，上升到哲学的高度，成为经营企业、度过人生的普遍正确的原理原则。50 多年来企业克服了种种危机，获得了快速持续的发展。

同时，千千万万个企业在顺境和危机中盛衰荣枯，也让稻盛从侧面学到了许多教训。

20世纪80年代中期，稻盛奋起参与国家规模的通信事业，并获得了卓越的成功。

至于2010年78岁高龄的稻盛领导日航重建，仅花一年时间就让日航起死回生，更让全世界惊叹不已。

用五百年前阳明先生的话来形容今天的稻盛先生最是贴切不过了，“若鄙人所谓致知格物者，致吾心之良知于事事物物也……吾心之良知，即所谓天理也。致吾心良知之天理于事事物物，则事事物物皆得其理也”。这一段话太妙了，这不但是稻盛经营京瓷、KDDI、日航的真实写照，而且也是稻盛解答形形色色的经营难题，使“事事物物皆得其理”的奥妙所在。

稻盛先生的经营经验丰富多彩，稻盛先生的经营哲学炉火纯青，通达天理。凡是现在的经营者碰到过的问题，他几乎都碰到过，或者都注意过、思考过。所以当塾生们向稻盛请教时，稻盛都会从良知天理，或者说从企业经营的原理原则出发，从自己的切身经验出发，做出令人信服的答复：“我当初也碰到过与你类似的问题，当时我是这么思考、这么解决的。希望你结合自身的情况，从中获取有益的启示。”稻盛的回答既有哲学的高度又很接地气，让塾生们很受用、很受益。

3. 致良知——博大精深中的简单明了

不要说普通老百姓，哪怕是企业家或者公务员，能认真读完《传习录》的人恐怕也很少吧，但《传习录》只占《王阳明全集》的六分之一，可以说阳明心学已经是博大精深了。但是，王阳明不过是五百年前明代的人，中国有几千年的历史，四书五经、诸子百家、二十四史、《资治通鉴》、《史记》、唐宋八大家、唐诗宋词、明清小说，等等，如果再加上各种佛教经典，中国的传统文化真可谓博大精深。

博大精深当然很好，比它的对立面“狭小

粗浅”强，值得引以为豪。但有时博大精深也不管用。比如清朝政府那些满腹经纶的文武大臣，他们传统文化的底子比我们厚，也常以中华文化博大精深而盲目乐观，结果在西洋文明面前一败涂地。

阳明先生认为，孔子述六经，就是删繁就简，因为“天下所以不治，只因文盛实衰”。

博大精深往往淹没了简单明了，让我们不知道怎么做才好。

博大精深是学问，得拜托专家学者。但如果专家学者跳不出汗牛充栋、浩如烟海的文献典籍，找不到事物的本质，找不到文化背后的原理原则，不得要领，无法运用，无法实践，那就没有多大的价值。

那么，所谓本质，所谓原理原则是什么呢？

原理原则用一句话讲，就是“致良知”，就是用“是非善恶”，而不是以“利害得失”

做判断和行动的基准。

良知知道什么是善，什么是恶，什么是无善无恶。

大道至简，原理原则总是简单明了的，而“博大精深”就是简单明了的原理原则在各种情况下的具体运用。

阳明先生说：“千圣皆过影，良知是吾师。”说得太好了！简单明了就能古为今用。

有人说：稻盛哲学好是好，就是落不了地。

稻盛哲学包括“京瓷哲学 78 条”“会计 7 条”“经营 12 条”“阿米巴经营”等等，还有稻盛著作《活法》《干法》《心法》《阿米巴经营》《领导人的资质》等 30 多本书。除企业经营之外，还涉及儒释道，包括释迦牟尼、孔子、老子、孟子、《易经》《资治通鉴》《贞观政要》《菜根谭》《呻吟语》《阳明心学》《了凡四训》等学派学说与著作中的精华。稻盛哲学里还常引用印度诗人泰戈尔的诗章，引用英国哲学家詹姆斯·艾伦有关心灵似庭园的诗文，等等。所以就有人说，稻盛哲学“博大精深”。

但是，稻盛先生说，他在中国文化中学到的最根本的一条就是“致良知”。“致良知”与稻盛先生的人生信条“敬天爱人”是一回事。所谓“敬天”，就是把天理良知，也就是把“作为人，何谓正确？”作为判断基准；所谓“爱人”，就是在追求全体员工物质和精神两方面幸福的同时，为人类社会的进步发展做出贡献。

这就是博大精深中的简单明了。简单明了大家就能实践。

破产重建的日航 32000 名员工共同拥有这一条，实践这一条，仅仅一年就做到了世界航空业第一，从世界最差一跃为世界最佳。当时日航还没有导入阿米巴模式，也说不上有什么高明的战略战术。靠的就是“致良知”“敬天爱人”的力量。

4. 致良知："一言兴邦"的日航实践

2010年2月初，稻盛先生来到破产重建的日航。他给日航干部讲，判断事物的基准就是"作为人，何谓正确？"这么一句话。开始时日航的干部们还反应不过来。稻盛说，你们把这句话先放在心里，当遇到问题时，想起这句话，对照这句话进行判断、采取行动就行了。

把"作为人，何谓正确？"作为判断一切事物的基准，换句话说，就是事事叩问自己的良知，就是"致良知"，就是王阳明讲的"致良知之天理于事事物物"，使"事事物物皆得其理也”。这“一言”果然可以“兴邦”吗？且看稻盛！

稻盛刚去日航时，日本舆论一片悲观。日本的社会精英们认为，派一个对航空事业一窍不通的78岁的老头去日航，是日本政府选错了人。在日航这个官僚和工会斗个不休的企业文化中，没有稻盛先生的用武之地。日航必将二次破产。

但是，让他们大跌眼镜的是，稻盛进日航仅仅四个月，日航就开始扭亏为盈。此后业绩节节攀升，一年下来，居然获得1884亿日元的巨额利润。这个数字是日航60年历史中最高利润的两倍，在当年全世界727家国际航空公司中位居第一，而且遥遥领先。同时，准点率也达到世界第一。日本的精英们傻了眼，全世界刮目相看。

由此可见，日航全体员工共有正确的判断基准，共同“致良知”，威力有多大。

那么具体怎么“致良知”呢？

稻盛告诉大家，他来日航基于三条大义：

1. 为了保住日航 32000 名员工的饭碗。

2. 为了给低迷的日本经济注入动力。做一个扭亏为盈的样板，给大家信心和勇气。

3. 避免由“全日空”一家垄断，让日本国民有选择航空公司的自由。

另外，稻盛旗帜鲜明地提出，新生日航的企业目的，首先是实现日航全体员工物质和精神两方面的幸福。

这些话不是口头上说说而已，稻盛先生率先垂范，不取分文报酬，拼命投入工作，“哪怕缩短寿命，也要重建日航”。

看到像自己的父亲、爷爷一样年龄的稻盛先生为了员工的幸福奋不顾身的样子，日航的 32000 名员工彻底感动了。

于是，飞行员、乘务员、维修工、搬运工、柜台服务员、各级各部门的干部，每个人都成了日航的主人，都争先恐后要为日航的重建做贡献。他们每天勤奋工作，不断改革改进，上下左右团结一致，齐心协力。这样的团队不可战胜，很快创造了奇迹。

第一把手主动带头，实践“作为人，何谓正确？”这个哲学，将“致良知”化入血肉之中，努力让所有人在所有行动中体现出来。就这么简单，就那么几个月，没有做任何特别的事，没有任何谋略，没有一丁点儿神秘，“一言兴邦”在日航就变成了活生生的现实。

一言兴邦的“邦”，可以是一个家族、一个村庄、一个团体、一个企业，也可以是一个国家。

不妨设想，如果全世界的人都像日航的员工一样，都实践“作为人，何谓正确？”这一哲学，那么，人类将会升华，人类社会将会进入更高阶段的文明。

5. 致良知与发明创造

现在，我们经常把“创新”“创造”挂在嘴上。但什么叫创新？创造发明是什么呢？

“科学”这个词我们更是频繁使用，但科学是什么？它与创造发明是什么关系？弄懂这些关系，将大大有利于我们在各个领域的创新、创造发明。

稻盛先生说：创造发明属于哲学的领域，只有在被证明以后，才成为科学。

此话怎讲？首先，真正的创造发明不是科学知识的积累，科学知识丰富与发明创造是两回事。有时既定的科学知识多了，反而成为框框，束缚人的思想，限制自由想象的空间。没有对现有科学常识的突破，就没有新的发明创造。

同时，发明创造的过程是一个灵感闪烁、主观能力活跃的过程。从这个意义上讲，哲学是科学之母。

稻盛先生既是科学家、企业家，还是深刻思考事物本质的哲学家。稻盛先生说："所谓科学，实际上不过是针对物质文明而言的科学。而精神科学，即对于意识和心的研究，还远远不够。"他又说："即使已被科学证明的真理，随着科学的发展也可能被否定。因此所谓科学，不过是现阶段所认知范围内的事实，它既不可能正确地解释一切事物，也不代表唯一的真实。"

这是何等的真知灼见！

脑科学、心理学是精神科学的重要部分，但它们也只限于对意识的表层，即对感觉、感情、理性的研究。对人的精神意识的本质，对心的本质，也就是对所谓“真我”“良知”的探讨，不在它们的研究范围之内。

而阳明心学，稻盛哲学，就是对人心本质阐述得最透彻的学问。

稻盛的贡献在于把他的“利他”的哲学，也就是王阳明的“致良知”的哲学，在现代商业社会里演绎到了淋漓尽致的地步。

另外“阿米巴经营”是卓越的经营管理模式的创新。至于稻盛经营哲学，乃是自英国工业革命产生现代企业以来，最伟大的经营理论的创新。

物质文明的进步，主要来自科学技术；科学技术的进步，主要来自发明创造。发明创造来自人的灵感。再问下去，人的灵感又来自哪里呢？这是一个哲学的问题。

人的灵感来自强烈的愿望和纯粹的心灵。强烈的愿望发生在纯粹的心灵里，灵感就会源源不断，创造发明也会源源不断。这是稻盛的经验，也是稻盛哲学的精髓。

只要不遗余力“致良知”，排除杂念，净化心灵，抱着无论如何必须成功的强烈的使命感，持续付出不亚于任何人的努力，我们也能有所发明，有所创造，有所创新。

反过来讲，也只有在纯粹的动机、强烈的愿望、持续的不亚于任何人的努力的条件下，才会有真正的发明创造。

6. 境由心造：心清国土净

改革开放以来，中国的经济获得了巨大的发展，科技获得了巨大的进步，国力获得了巨大的提升，除小部分地区之外，人民的生活水平也大大提高了，这是中国历史上空前的壮举，我们中国人引以为豪，扬眉吐气，整个世界也刮目相看。

然而，我们付出了沉重的代价，代价之一是环境的破坏。

当然，在绿化等方面，多年来我们的成绩有目共睹。但是污染问题令人头痛。土地的污染，食品的污染，江河湖泊乃至某些地方地下水的污染，特别是从北到南的大面积的空气污染，真是要命的问题。

过去有人说外国的月亮比中国的圆，那当然是崇洋媚外。但现在外国的月亮比中国的亮，中国的天空已很难见到儿时那些眨眼的星星，这情景实在很难让人高兴得起来。

境由心造。环境污染的本质是人心的污染。许多污染的产生，被容忍，都属于明知故犯，都是损人利己、损公肥私的行为。

有人说，千百年来中国人的信仰是良心，是天地良心。这话说得太好了。

“良心”，稻盛又称之为“真我”“大我”“利他之心”，用王阳明的说法叫“良知”。它的对立面是“私欲”。“良知”虽然人人俱有俱足，但“良知”一旦被“私欲”所蒙蔽，必然问题百出，环境破坏是其一。

所谓“私欲”，就是不加抑制的、极度膨

胀的个人或集团的欲望。如金钱欲、权力欲、名誉欲，拜金主义，利己主义，以权谋私，权钱交易，买官卖官，假冒伪劣，急功近利，好大喜功，等等。

雾霾是天罚，是老天对我们的警告和提醒，老天正在注视着我们这些炎黄子孙准备干什么。

资本主义的市场经济和科学技术，这两者力量巨大无比，但这两者都是双刃剑。一方面，它们给人类社会带来了繁荣和进步；但另一方面，如果缺乏“良知”这个灵魂，这两个东西反过来会刺激和助长人类的贪欲和傲慢。忘却知足的智慧，无休止掠夺、破坏自然，必将加速人类的灭亡。

遵循良知还是违背良知，致良知还是任由私欲膨胀，我们有选择的自由，但结果由不得我们选择。因果法则冥冥中俨然存在于宇宙，这是宇宙的真理。

心清国土净——全民“致良知”，就能还我们山清水秀。中国美丽了，中国人的心美丽了，尊敬的目光就会从全世界投向中国。

7. 良知是真情的灵魂

新加坡教授、某孔子学院院长来信说："农历新年想请教曹老师，何为'真情致良知'？"

习近平主席说：当今社会快速变化，人们为工作废寝忘食，为生计奔走四方，但不能忘了人间真情，不要在遥远的距离中割断了真情，不要在日常的忙碌中遗忘了真情，不要在日夜的拼搏中忽略了真情。最后，他引用了宋代王安石的一首诗："飞来山上千寻塔，闻说鸡鸣见日升。不畏浮云遮望眼，自缘身在最高层。"

我回信答曰：

某教授新年好！

您所说的“真情致良知”，我的理解是：

1. 这里的所谓“真情”，是发自我们人的本质，就是发自良知的真情。也就是发自真善美、发自利他之心的朴素而真实的情感。

2. 比如《诗经》中的“投我以木桃，报之以琼瑶，匪报也，永以为好也”。这美好的诗句就代表了人间纯朴的真情。

3. 妒忌、仇恨、贪婪、无止境的物质追求等等，或许也是某种“真情”，但它发自利己之心或极端利己之心。利己有个人层面的、家庭层面的、团体层面的乃至国家层面的。所以，不是说大胆宣示自己真实的情感就是好的，真情的灵魂是良知。

4. 什么是从良知发出的真情呢？阳明先生说得精辟：见孺子入井，生恻隐之心；见鸟兽哀鸣，生不忍之心；见草木摧折，生怜悯之心；见瓦石毁坏，生顾惜之心。这些就是发自良知的真情流露。

5. 具备强烈的正义感，疾恶如仇，虽然有一个“仇”字，但也是发自良知的真情。

6. 作为组织的领导人，有时需要菩萨般充满慈爱，有时却需要挥泪斩马谡般无情。这种高位平衡是“真情致良知”的最高境界。

7. 您提到鸡年春节，习主席引用的王安石的诗：“飞来山上千寻塔，闻说鸡鸣见日升。不畏浮云遮望眼，自缘身在最高层。”我觉得习主席这首诗引用得太妙了，双关意味太好了。这里拨云见日的意境，意味着在复杂纷繁的现象中抓住了事物的本质。这个本质可以用社会主义核心价值观来表达，而核心的核心不是别的，就是“致良知”三个字。而真正从良知发出的真情，不但可以感动人心，而且可以动天地而泣鬼神。

8. 同社会主义荣辱观一样，二十四字的社会主义核心价值观也很好、很有针对性：

富强、民主、文明、和谐；自由、平等、公正、法治；爱国、敬业、诚信、友善。

要富强不要贫弱；要民主不要专制；要文明不要野蛮；

要和谐不要内斗；要自由不要禁锢；要平等不要歧视；

要公正不要偏袒；要法治不要人治；要爱国不要害国；

要敬业不要敷衍；要诚信不要欺骗；要友善不要蛮横。

说得很到位，但问题是：我们记住了吗？认真实践了吗？

我想，口号最好简单有力，简单才会深入人心。

把“致良知”三个字作为人生信条，无须想得太复杂，无须有高深的学问，我们每个人，从普通百姓到高层干部，只要真想实践，马上就能实践。不仅个人，组织也一样，企业乃至国家都一样。

所谓“致良知”，就是事事都对照我们每个人与生俱来的良知良心进行判断，采取行动。也就是以“是非善恶”而不是以“利害得失”对事情做出判断。把这一点做到极致就行。

这可能做到吗？可能！因为“是非之心，人皆有之”“知善知恶是良知”，我们的DNA中本来就有这个东西。

为什么人们往往做不到呢？是因为过度的欲望蒙蔽了人的良知。金钱欲、权力欲、名誉欲等等，这类欲望过强，良知就出不来。

良知良心才是人的本质，才是人心的本质。将人的本质特性发扬光大，使之蔚然成风，人的真情才能坦露，人才能感觉幸福，个人才会进步神速，人类才有光明的前景。

8. 致良知——中国梦的灵魂

2004 年 4 月 6 日稻盛先生应邀在中共中央党校讲演，题目是《致新世纪的中国领导人》。在这次讲演中稻盛先生提到了“美国梦”和“中国梦”。

他说：“正如象征资本主义的‘美国梦’一样，如今理想中的‘中国梦’也层出不穷。谁都有成功的机会，受到周围实际成功者的刺激，‘自己也要成功’，抱这种进取心的人正在中国大量涌现。人民的热情，人民的能量正推动中国蓬勃发展。”

“美国梦”意味着积极进取，开拓创新，努力奋斗，获得财富，实现幸福。但是，以满足个人欲望为原动力的“美国梦”，在促进美国蓬勃发展的同时，也带来了巨大的问题：贫富悬殊；霸权主义，包括“在民族和文化完全不同的国家强加美国的价值观”；缺乏伦理的金融学带来的席卷全球的金融风暴；等等。

开拓进取的“美国梦”，再加上清晰的良知，就可以形成更正确的国家理念：“在追求全体国民物质和精神两方面幸福的同时，为人类社会的进步发展做出贡献。”

稻盛先生在对美国式资本主义进行尖锐批评的同时，对于在社会主义条件下引进市场经济的中国抱有很大的期待。他认为，如果中国能够坚持社会主义，不出现资本主义那样巨大的贫富差异，又有正当的竞争机制发挥作用，那就会创造出一个比较理想的、真正和谐的社会。

在中共中央党校，稻盛先生讲了三个问题，我认为对“中国梦”的实现具有参考价值。

第一，判断基准问题。

稻盛先生谈到京瓷公司45年来持续发展壮大的理由是：“因为京瓷具有正确而且明确的经营哲学，并为全体员工所共有。”“全体干部员工都理解和接受这种哲学，把这种哲学变成自己的东西，在此基础之上，大家团结一致，共同做出‘不亚于任何人的努力’，获得成功后，不失谦虚之心，继续努力，不断获取更大的成功。”

那么，这种哲学是什么呢？稻盛先生说：“就是把‘作为人，何谓正确？’当作判断一切事物的基准。”

换句话说，判断事物的基准不是利害得失，而是好坏善恶。也就是：做人应该做的好事，不做人不应该做的坏事。再换种说法，就是“致良知”。如此而已。

第二，治国问题。

稻盛先生接着谈到了治国理政最根本的问题，这就是国家领导人应有的品格问题。稻盛先生引用中国明代思想家吕新吾的话“深沉厚重是第一等资质”。所谓“深沉厚重”就是人格厚重，善于思考事物的本质。

稻盛先生还借用日本明治维新的元勋西乡隆盛的话：“置自己的生命、名誉、地位、财产于不顾的人物，最难对付。然而，领导人不达到这种无私的境界，最终难成大业。

“在国政的大堂上，堂堂正正从事政治活动，与行天地自然之道一样，不可夹杂半点私心。无论遇到什么情况，必须保持公平公正之心，走光明大道，广纳贤才，让忠实履行职务的人执掌政权。这样做就是替天行道。同时，一旦发现比自己更为胜任的人物，就应该立即让贤。”

稻盛先生没有奢谈什么治国方略。所谓方

略归根到底不过是术。稻盛讲的是治国之道。

第三，外交问题。

国家也无非是人的集团，所以作为人的准则，或者说判断基准，在国与国的交往上同样适用。

稻盛引用了孙中山先生有关“弃霸道，行王道”的历史性的经典讲演。孙中山的“弃霸道，行王道”是一个超越时代的伟大真理。

“1924 年在日本神户，孙中山先生对日本的政治家们说道：‘西洋的物质文明是科学的文明，后来演变成武力文明，并用来压迫亚洲，这就是中国自古以来所说的霸道文明。亚洲有比这优越的王道文化，王道文化的本质就是道德仁义。你们日本民族在吸收欧美霸道文化的同时，也拥有亚洲王道文化的本质。日本今后面对世界文化的未来，究竟是充当西洋霸道的看门狗，还是成为东洋王道的捍卫者，取决于你们日本国民的认真思考和慎重选择。’”

稻盛先生说："遗憾的是，日本没有倾听孙中山的忠告，结果一泻千里，陷于霸道而不能自拔。"

稻盛先生接着说："我衷心希望，不久的将来必将成为经济大国，并拥有强大军事实力的中国，一定不要陷入自己一贯否定的霸道主义，以中国自古以来一直强调的'以德相报'的胸襟，亦即遵循王道，发展经济，处理内政外交问题。"

在稻盛先生看来，治理企业也好，治理国家也好，处理国与国之间的关系也好，基本的原理原则都一样。判断和行动的基准不是利害得失，而是是非善恶。这同500年前王阳明先生讲的"致良知"是一回事。王阳明说："知善知恶是良知，为善去恶是格物。"所谓格物，就是运用这个良知去处理和解决问题。这比什么理论都更重要、更切近、更简单有效。

"致良知"是中国梦的灵魂。致良知纲举

目张。领导人抑制私心，率先垂范致良知，智慧自然如泉涌，人才自然会聚拢，接地气的、切合实际的、辩证平衡的制度规则、战略战术、方式方法等等，就能够应运而生。

关于“中国梦”，习近平主席作了最精准、最深刻的阐述：

“近代以来，中华民族最大的梦想就是实现中华民族伟大复兴。

“中国梦是追求幸福的梦。中国梦是中华民族的梦，也是每个中国人的梦。我们的方向就是让每个人获得发展自我和奉献社会的机会，共同享有人生出彩的机会，共同享有梦想成真的机会，保证人民平等参与、平等发展权利，维护社会公平正义，使发展成果更多更公平惠及全体人民，朝着共同富裕方向稳步前进。

“中国梦是奉献世界的梦。‘穷则独善其身，达则兼善天下。’这是中华民族始终崇尚的品德和胸怀。中国一心一意办好自己的事情，既是对自己负责，也是为世界作贡献。随着中国不断发展，中国已经并将继续尽己所能，为世界和平与发展作出自己的贡献。

“在新的历史条件下，我们提出‘一带一路’倡议，就是要继承和发扬丝绸之路精神，把我国发展同沿线国家发展结合起来，把中国梦同沿线各国人民的梦想结合起来，赋予古代丝绸之路以全新的时代内涵。

“要推动构建新型国际关系，推动构建人类命运共同体。

“让‘中国梦’与‘世界梦’交相辉映！”

追求公平正义，追求人民幸福，同时为世界作贡献。为此，把良知作为判断基准，确定并不断调整我们的内外政策，坚持对的，纠正错的，这就是这个时代最大的“良知”。

我相信，我们国家领导人带头致良知，并以自己的良知激发国人的良知，全国人民都努力致良知，整个国家正气充溢，那么腐败雾霾都能扫除，任何困难都能克服，我们中国不仅能够持续健康发展，而且一定能够获得全世界的信任和尊敬。这样，我们才能真正充满自信，真正引领世界文明进步的潮流。

9. 知行合一与唯物论

大学时代，我很喜欢毛泽东的《实践论》（《论认识和实践的关系——知和行的关系》）一文。我曾反复背诵《实践论》《人的正确思想是从哪里来的？》。我感觉毛泽东成功打天下，自然有他成功的道理。

阳明先生立德、立功、立言，也是一个卓越的成功者。像他这种“三不朽”的人物当然是实践强、理论也强的人。一个纸上谈兵的书生，或者有勇无谋的武夫，根本成不了立德、立功、立言的“三不朽”并影响历史的人物。

阳明先生说："世间有一种人，懵懵懂懂的任意去做，全不解思惟省察，也只是个冥行妄作，所以必说个知，方才行的是。"

这段话的意思是，这种人的认识，只停留在认识的初级阶段即感性认识的阶段，"只看到事物的现象方面，看到各个事物的片面，看到各个事物之间的外部联系"。所谓"不解思惟省察"，就是没有"经过感觉而达于思维"，没有经过一番"去粗取精，去伪存真，由此及彼，由表及里的改造制作功夫"，没有一个从感性认识到理性认识的能动的飞跃。所以"只是个冥行妄作"，就是盲动主义。"所以必说个知"，这里的"知"就是理性认识。它"已经不是事物的现象，不是事物的各个片面，不是它们的外部联系，而是抓着了事物的本质，事物的全体，事物的内部联系了"。

阳明先生接着说："又有一种人，茫茫荡荡悬空去思索，全不肯着实躬行，也只是个揣摸影响，所以必说个行，方才知得真。”

这段话的意思是，另一种人只顾空想，不参与实践，连感性认识也很少，更谈不上理性认识。“所以必说个行”，这里的“行”当然就是行动，投入实践。

阳明先生接着又说：“今人却就将知行分作两件去做，以为必先知了，然后能行。我如今且去讲习讨论做知的功夫，待知得真了，方去做行的功夫，故遂终身不行，亦遂终身不知。”

这段话的意思是，现在的人把认识和实践分作两段去做，以为先要认识，然后才能行动，才能去实践。但是，无论是感性认识也好，理性认识也好，都必须通过实践，必须在行动中体会。不行动，不实践，根本不可能“知得真”。所以这样做的结果必定是“终身不行，终身不知”。

阳明先生强调“事上磨炼”就是重视实

践的作用。阳明先生强调“知行合一”，他的“知”与“行”始终并驾齐驱。他的“致良知”一刻不曾离开具体的事物，他的理论从未脱离实际。

在实践中，从感性认识上升到理性认识。理性认识触及事物的本质、全体和内部联系。阳明先生说“行之明觉精察处即是知”。这里的“知”，就是知晓事物的本质、全体和内部联系，也就是“良知”在这一事物上呈现的具体形态。认识未达“明觉精察”时是感性认识，认识达到“明觉精察”时就是理性认识，这就是辩证唯物主义的认识论所讲的认识的第一次飞跃。

“知之真切笃实处即是行。”有了对事物本质、全体和内部联系的认识，理所当然就会付诸行动。这就是认识论的第二次飞跃，就是所谓“从理性认识到革命实践的飞跃”，也就是从认识世界进入改造世界的阶段，就是拿了这种对于事物的本质、全体和内部联系的认识，也就是拿了理论去指导实践。在取得事业成功的同时，进一步修正这种认识，完善这种理论。换句话说，也就是“致吾心之良知于事事物物……事事物物皆得其理也”。

稻盛先生既是科学家又是企业家，科学技术和企业经营要求高度的现实主义，它必须既唯物又辩证。稻盛先生说：“依据原理原则追求事物的本质，同时，要以做人最基本的道德、良心为基础，把‘作为人，何谓正确？’作为基准，进行判断，采取行动。这是最重要的。”同时，稻盛先生强调“要每天反省”，就是要对实践进行修正和完善。语言表达不同，实质内容都一样。

这种从实践到认识、从认识到实践的循环，在阳明先生、稻盛先生身上，体现得淋漓尽致。阳明先生死而无憾，“吾心光明，亦复何言”，就表达了这种知和行、理论和实践高度统一的境界。

第四章 问答篇

一、关于阳明心学的问答

1. 阳明心学为什么没有成为民族民主革命时代的指导思想?

答：我认为，那个时代正值帝国主义列强侵略中国、封建的清王朝崩溃之时，而西方列强之所以强大，是因为有了科学和民主。由于历史的局限，王阳明的思想中还没有科学思维，所以他“格竹”格不出名堂。这也不能苛求阳明先生。研究竹子要设定研究的具体课题，否则研究就有盲目性，当然“格”不出结果。后来的西方科学家“格植物”格出了植物学，比如稻盛“格陶瓷”格出了“又一个新石器时代”。这是时代的差异。

同时，封建皇帝统治之下也没有“民主”的概念。阳明先生的天理良知“发之事君便是忠”。但中国民主革命的目的之一，正是推翻封建王朝，打倒封建君主。因此，对于在民主和科学开始成为世界潮流的当时的革命家来说，不可能将缺乏科学和民主元素的“阳明心学”作为革命的指导思想。

2. 关于“心外无物”

问：王阳明先生讲“心外无物”，有人认为这是露骨的唯心论，您的看法呢？

答：阳明先生是思想家，也是语言大师，思想深刻，表述精准，令人叹服。但阳明先生有些说法，甚至他当时的学生也有理解上的困惑。后来由于时代背景不同，人们多有误解，例如“心外无物”的说法就很容易引起争论。对此我谈一点看法，也算抛砖引玉吧。

“心外无物”，这好像违背常识。“心外”即人的意识之外，人的意识之外怎么就“无物”了呢？特别是唯物论认为，物质是第一性的，意识是第二性的，物质不依赖人的意识而存在，意识是反映心外之物的。因此“心外无物”的说法好像与唯物论直接对立。无怪乎一些所谓唯物论者会把“阳明心学”作为唯心论来批判，认为心外无物等说法简直是睁着眼睛说瞎话，不值得一驳。

不说唯物论者，即使阳明先生的朋友也不理解，一次他们同游南镇，友人指着岩中花树问道："天下无心外之物，如此花树在深山中自开自落，于我心亦何相关？"这个提问很自然。

阳明先生答道："你未看此花时，此花与汝同归于寂；你既来看此花，则此花颜色一时明白起来，便知此花不在你心外。"

不知这位朋友听了这个解释后有何感想，特别是"同归于寂"这一句。我看过许多人对阳明先生这段话的领会和说明。大概是我脑子不开窍吧，我总觉得，他们说来说去让我越听越糊涂。我不知道说的人是否同我一样糊涂。

首先，我相信聪明如阳明先生这样的人，绝不会认为，自己不看、不想山中的那株花，那株花就根本不存在。

关键是阳明先生所讲的"心外无物"的"物"是什么？

在《传习录》中阳明先生说："身之主宰便是心，心之所发便是意，意之本体便是知，意之所在便是物。"有学生问："身之主为心，心之灵明是知，知之发动是意，意之所着为物，这种说法对不对？"阳明先生认为可以这么说。

很明显，这里所说的"物"是"意之所在"或"意之所着"的那个"物"。不是唯物论所指的那个物。

阳明先生多次指出，所谓"物"是指事情。比如，阳明先生如何为戴铣辩护的事，到龙场后如何生活、如何思考的事，后来又有如何平叛、如何剿匪的事，以至讲学、传道、解惑的事。"君子素位而行，不愿乎其外。"把自己该做的事做到极致，这些事都在"心内"。除此之外的事，比如山中那朵花谢了没有，对阳明先生而言毫无意义。阳明先生用"心外无物"这种说法表达。

“意之所在”才是阳明先生讲的“物”，所以“意之不在”就不是他所讲的物。所以他说心外无物。

全力以赴、全神贯注，遵循良知，把自己的分内事做好、做到极致，才是阳明先生所谓“心外无物”的本意。

另外，“心外无物”同“境由心造”意思接近，同“认识世界的目的在于改造世界”的说法也有关联。

3. 关于“去人欲”

问：王阳明先生讲“存天理，去人欲”。人是欲望的动物，人欲怎么去得了？

答：“存天理，去人欲。”这个“存天理”就是致良知。这个“去人欲”乍听似乎违背常识，人有食欲才能维持生命，有性欲才能繁衍后代，阳明先生还有将自己的心学传授于人的欲望。这些都是“人欲”，这样的欲望怎么能“去”呢？聪明如阳明先生，当然不会傻到要人去除必需的、自然的、正当的欲望。虽然“去人欲”从字面上确实容易引起误解，但如果不对阳明先生所提的“存天理，去人欲”作一番了解、研究，立即对“去人欲”这三个字展开浅薄的批判，认为这是抹杀人性，继而否定阳明心学，那是毫无道理的。当然我们可以怪阳明先生，“去人欲”三字易让人误解，但我们不妨认真想一想，阳明先生为什么要讲“存天理，去人欲”，而且讲“人欲日消，天理日明”？

阳明先生的本意当然是指要抑制或去掉人过度的私欲，但“天理”对着“人欲”，“存天理，去人欲”说起来比较方便吧。

人有肉体，有眼、耳、鼻、舌、身，这个肉体和五官会产生欲望，欲望需要满足，人才能生存发展。但是，人的欲望一不小心就会过度，而一旦过度就难免害人害己。而人的欲望又很容易过度，为了满足过度的欲望，人往往不择手段，所谓“欲令智昏”。所以阳明先生说“心中贼难破”。不仅难破，而且人的私欲有猖狂的特点。正如花园如果不加管理，不是鲜花压倒杂草，而是杂草淹没鲜花。人的心灵不加管理，私欲就会膨胀，人就会因鬼使神差而走火入魔，腐败堕落，一切坏事都从这里产生。因此，所谓“去人欲”就是破心中贼，破“贪嗔痴”这个心中贼。而且，“克己须要扫除廓清，一毫不存方是，有一毫在，则众恶相引而来”。所以阳明先生特别强调要去这个“人欲”，而能够分辨正常欲望和过度欲望的正是良知。

而遮蔽良知，明知故犯，将众恶引来的就是过度的“人欲”。阳明先生认为，拔去这个病根需要狠下决心，“如猫之捕鼠，一眼看着，一耳听着。才有一念萌动，即与克去。斩钉截铁，不可姑容与他方便。不可窝藏。不可放他出路。方是真实用功，方能扫除廓清”。

4. 关于“无善无恶心之体”

问：有人说王阳明的“四句教”是三元论，你怎么看？

答：“无善无恶心之体，有善有恶意之动，知善知恶是良知，为善去恶是格物。”这是阳明先生56岁即逝世前一年提出来的，人称这“四句教”是阳明心学的总结。对这四句教，特别是第一句“无善无恶心之体”，一直有争论。所谓“天泉证道”，就是阳明刚提出这四句话不久，他的学生钱德洪和王畿两人理解就有不同。据说，后来所谓“王学末流”的代表人物就是抓住“无善无恶”这一句，率性而为，流入狂野。另外，尽管蒋介石赞成王阳明，但国学大师、当初年少气盛的南怀瑾先生在黄浦军校时，却公然与蒋唱反调，批判“四句教”是三元论。不管这种批判对不对，对“四句教”有争议是事实。

阳明先生在天泉桥对钱、王二人解释“四

句教”时说：“利根之人一悟本体即是功夫，人己内外一齐俱透了。”但所谓“利根之人”，应是那种悟得“本来无一物，何处惹尘埃”的高人。但是，有这等悟性的，古往今来能有几人？所以争论麻烦就来了。

但是，我认为，既然阳明心学的核心是“致良知”，“致良知”当然也是四句教的核心。良知知道什么是善，什么是恶，什么是无善无恶。归根结底，只要“致吾心良知之天理于事事物物”，就是像阳明先生、稻盛先生一样，叩问良知，按“作为人，何谓正确？”去思考、去行动，就足够了。

心是什么？心在哪里？说不清这个问题，就很难理解“心之体”是什么。

稻盛先生经营企业叫作“以心为本”的经营。他创办的盛和塾唯一的口号是“提高心性，拓展经营”（心を高める経営を伸ばす）。“提高心性”是翻译用的说法，如果直译的话就叫

"提高心"。稻盛先生研究人心一辈子，到日航仅仅几个月，就把32000名员工的心凝聚起来。《盛和塾》杂志有一个专栏就叫"心之研究"。稻盛先生有关"心的同心圆结构"（见下图）可供参考。

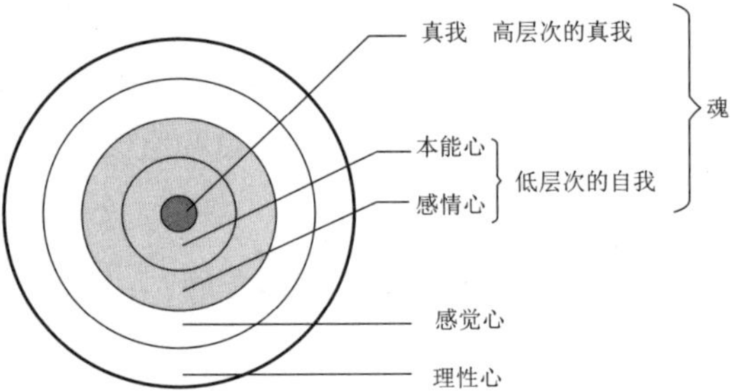

心的同心圆结构

根据现代脑科学的理论，本能由脊髓顶端小脑附近的脑干网状结构中的细胞组织所支配，而理性是使用大脑前头叶到侧头叶之间的脑细胞，感觉和感情也分别有不同的脑细胞管辖。脑作为一个器官，当然是无善无恶的。是不是能把这些也称为“心之体”呢？

或者说心之体就是宇宙。日月星辰，风雨露雷，山川土石，草木禽兽，等等，说不上什么善恶。

核心是“真我”，真我即良知，它不属于脑，它是与生俱来的，它是人人具备俱足的。何止于人，它是万物一体之仁，是宇宙之心。佛教的说法叫“山川草木，悉皆成佛”。换句话说，它是我们心中的宝中之宝，可惜我们多数人一辈子没有用好这个“法宝”，难怪阳明先生长叹一声：“知得良知却是谁！”

稍微复杂一点的是那个“魂”。相对于肉体，稻盛先生又称之为“意识体”。它包括三个部分：过去世的经验、今世的经验和真我。真我虽然人人一样，但因为过去世和今世的经验不同，因此这个意识体或叫魂是因人而异的。

稻盛先生讲的“提高心性”，就是要抑制本能心、感觉心、感情心，抑制“精致的利己主义者”那种所谓理性心，让“真我”也就是良知跑出来做主人，用良知做判断和行动的基准。这样就能够对事情不断做出正确的判断，就能拓展经营。

“提高心性，拓展经营”是盛和塾33年来唯一的口号，也就是稻盛先生的经营哲学。提高心性才能拓展经营，同时也只有在拓展经营的过程中才能提高心性。

提高心性不仅能够拓展经营，而且能够拓展人生，让人生更加丰富多彩，幸福美满。

提高心性的目的不仅仅是拓展经营，拓展人生，提高心性，让此心光明，光明之心向周围传递能量，就是我们的人生目的。如果人真有来世，那么，提高心性就意味着提高来世的起点。

“提高心性”，用阳明先生的说法是“存天理，去人欲”，就是“犹炼金，而求其足色”。

“提高心性，拓展人生”，就是阳明先生所说的“致知格物”，就是用良知去判断和解决问题。所谓修身、正心、诚意就是“提高心性”，达至良知。所谓齐家、治国、平天下，就是用这良知为武器，把家里的事情、国家的事情、世界的事情办对办成功。一句话就是“致良知于事事物物”。这样，最后的境界一定是：此心光明，视死如归。（以上解释不过一家之言，仅供参考。）

二、关于稻盛哲学的问答

1. 客户第一还是员工第一？

问：西方多数企业讲企业是股东的，股东第一；中国许多企业倡导客户第一；有人提出产业报国，应该是国家第一；稻盛先生却主张员工第一。稻盛先生强调员工第一的理由是什么？

答：确实，稻盛先生强调员工第一。京瓷公司的经营理念是：在追求全体员工物质和精神两方面幸福的同时，为人类社会的进步发展做出贡献。

在全世界，至今为止，除了稻盛和盛和塾的企业之外，很少有企业明确提出过像京瓷公司这样的企业目的。

其实，稻盛先生创业时的目的是所谓“技术问世”。员工第一的企业目的是稻盛先生在痛苦的经验中领悟出来的。

当然，从理性上分析也没有问题，道理其实很简单。

股东投资才有企业，客户买你的产品企业才能生存，没有国家的保护和支持企业也难发展。这些都是理所当然。然而，股东、客户、国家并不能代替你来经营企业。实际负责企业运行、每天进行企业生产经营活动的是包括经营者在内的全体员工。如果全体员工都很尽责，每天都在各自的岗位上努力工作，发挥自己的聪明才智，齐心协力，精益求精，那么企业就能凝聚巨大的合力，企业就能持续发展，长期繁荣，就像京瓷和 KDDI 一样。这样就能不断给客户提供满意的产品和服务，就能让股东获得稳定的回报，就能向国家多交税，企业还有能力开展各种社会公益活动。

总之，在稻盛看来，企业只有“追求全体员工物质和精神两方面的幸福”，把全体员工的积极性和创造性激发出来，才能真正“为人类社会的进步发展做出贡献”。

反过来讲，如果经营者忽视自己企业的员工，与他们没有感情，不把他们的苦乐放在心上，也不激发他们的潜能，甚至欺侮他们，压榨他们，而嘴上奢谈什么“客户第一”“股东第一”，奢谈什么“产业报国”，经营者就无法唤起员工的共鸣，就无法落实在员工的行动中，就变得空泛抽象，归根结底还是经营者“自己个人第一”。这样就得不到员工的由衷配合，企业当然不可能长盛不衰。

2. 在激烈的市场竞争中讲“利他”行得通吗？

答：行得通。竞争与利他不矛盾，把矛盾变得不矛盾就是哲学。京瓷公司的企业目的是员工幸福和社会贡献，这就是“利他”。利他的目的赢得员工的拥护和社会的支持，企业高速发展。京瓷在发展过程中，收购了许多企业，其中多数不是出于利益考量，而是因为对方的求救。即使是出于商业战略考虑的项目，在收购过程中也是最大限度地为对方着想，结果赢得对方的信任和尊敬。创办第二电电的目的只有一句话：“降低国民的通信费用。”在此大义名分之下，员工满怀豪情拼命奋斗，客户积极拥护配合，事业一派兴旺。78 岁零薪投入日航重建，稻盛先生更是“动机至善、私心了无”。稻盛先生一生的商业实践证明，利他与利己不矛盾，体谅对方、为社会尽力与获取企业利润不矛盾，只有在竞争中坚持利他之心，才能真正获得商业上的巨大和持续的成功。

得道者多助，利他者自利，这才是商业的真髓。

3. 稻盛哲学的特点是什么?

答：稻盛哲学首先是经营哲学，这是人类历史上之前没有的。或者说，这么系统的并由经营实践证明的经营哲学，是世界历史上空前的。当然，既然是哲学，它又超出企业经营的范畴。因为稻盛哲学的核心是“作为人，何谓正确?”，所以它具备普遍性。

与别的哲学相比，稻盛哲学有如下特点：

一是简朴性。说到哲学，让人觉得是深奥抽象的学问，是少数学者专家的事。但是，稻盛哲学都是通俗易懂的大白话。稻盛先生刚刚创业时，28 名员工中大多数是初中毕业。稻盛先生要用他们听得懂的语言给他们讲哲学，让他们理解、接受，并与他们一起实践。稻盛善于用朴实的语言表达深刻的思想。稻盛哲学没有任何难懂的哲学的术语，它深入浅出，却又有感动和召唤人心的力量。

二是道德性。就一般概念来说，哲学是哲

学，道德是道德，两者虽有联系却分别属于不同的范畴。但稻盛哲学则把道德放进了哲学，以“作为人，何谓正确?”，也就是以“利他之心”思考、判断和行动当成了稻盛哲学的核心。这在其他哲学中是极为罕见的。

三是实践性。稻盛与以往的哲学家不同，因为他是科学家出身，年轻时就有重要的发明创造，而且 27 岁就创办企业。因为这种哲学来自亲身的实践，包括开发新材料、新产品的科学实践和经营企业的实践，当然也包括生活实践。从实践中来的哲学，又要反过来指导实践，使事业获得巨大发展。而经营实践又使哲学不断丰富。这种从实践到理论，又从理论到实践的，紧密的、反复的循环，使实践和理论、经营和哲学达到了高度的平衡统一。有企业这个哲学的实验基地，实验很快就得出结果，例如稻盛哲学拯救日航。这是别的哲学很难实现的。

四是辩证性。稻盛哲学强调兼备事物的两极，比如利己和利他、大善和小善、大胆与小心、慈悲心和斗争心、大家族主义和市场竞争主义，等等，比如，经营者对员工既要关心爱护又要严格要求，两者要高位平衡。这是每天的工作中都面临的课题。

4. 称稻盛为“经营之圣”对吗?

答：我认为可以这么说。“经营之圣，人生之师”这八个字，出现在2006年拙著《稻盛和夫的成功方程式》一书的封面上。用这八个字描述稻盛先生，我觉得很贴切。

稻盛先生赤手空拳40年创建了京瓷和KDDI两家世界500强企业，78岁高龄出手拯救也曾是世界500强的破产的日航，马到成功，让世界一阵惊叹。更重要的是，在工作和经营实践中，稻盛先生提炼出了经营企业、度过人生的带有普遍性的原理原则。“提高心性，拓展经营”已经成为全世界13000名盛和塾企业家的口头禅，而钦佩稻盛先生、努力借鉴和实践稻盛哲学的经营者以及社会各界人士更是不计其数。称稻盛先生为“经营之圣，人生之师”，名副其实。

但是，我反对神化稻盛先生。因为我同他合作办企业，同他近距离接触的机会较多。我觉得神化他是不对的，他也有普通人的一面，也会犯错误，神化他，等于苛求他了。

有一次稻盛先生接受中央电视台采访，因为记者多次提到“经营之神”之类的说法，稻盛先生答道：“我才不是什么神呢，我只是一个极为普通的男人。如果我是神，那么，只要你们同我有一样的想法，像我一样努力，你们都可以当神。”

在盛和塾的学习和培训活动中，我及时制止了所谓“拜师礼”等形式。培训老师也很快接受了我的意见。我是这么说的：“搞拜师礼，拜孔子、拜稻盛这个形式，是不对的。我经历过‘文化大革命’，深知造神运动的弊害。”

对孔子也好、稻盛也好，表达敬意当然可以，但没有必要采取拜师形式。稻盛本人也反对这种做法。虽然可以称他们为圣人或接近圣人的人，但没有必要用“崇拜”这种词句和形式，因为一旦崇拜，就难免有迷信和盲目的成分。孔子也好，稻盛也好，其他伟人也好，他们在伟大的同时也是平凡的人。稻盛先生是人，当然会犯错误，有时会朝令夕改；他至今坚持天天反省，创立第二电电时，竟然花费半年时间自问有无私心，都说明了这一点。切不可神化稻盛，一旦神化就把他同我们隔离了，因为人无法向神学习。

采取拜师形式不但有一部分人心底不会认同，而且会降低这个培训班的格局。认真实践稻盛哲学才是对稻盛先生最大的尊敬，也是稻盛先生对我们真正的期待。传播稻盛哲学不仅在内容上而且在形式上都要符合稻盛哲学，不要搞顶礼膜拜。

对阳明先生也是一样。说阳明母亲怀胎 14 个月，做了一个仙人送子的无比神奇的美梦才生下了这个宝贝，他一出生就是祥云彩霞，等等。一味描绘他的奇特，神化他的事迹，把传说故事当历史真实，这就自觉不自觉地把阳明先生和我们凡人隔开了。那么特殊、那么高不可攀的人，我们学得来吗？

然而，我们具备同阳明先生一模一样的良知。

像阳明先生一样拼命努力，让自己拥有一颗纯洁美好的心灵，在良知指引的方向上，倾注自己全部的热情，发挥自己天赋的才能。这就是人生取得卓越成功的秘诀，就是人生成功的王道，就是人生幸福的源泉，因为这种人生态度符合天道，符合宇宙的法则。

我们普通人不可能吗？人皆可圣，“非不能也，是不为也”。

把我们与生俱来的良知发扬光大，把“作为人，何谓正确？”作为判断和行动的基准，从自己做起，从现在做起，全力以赴，全神贯注，努力做事，激发无限的潜能，把工作做到极致，我们就能向圣人靠拢。我们学习阳明先生、稻盛先生的意义就在这里。

稻盛先生说："今天听了我的讲话，如果你们产生这样的想法：'像稻盛和夫这样的人，尚且能够取得如此优异的成就，我哪儿比他差了，我应该比他做得更好。'如果你们这么想，我今天的讲话意义就大了。"

图书在版编目（CIP）数据

稻盛哲学与阳明心学：袖珍典藏版 / 曹岫云 著．— 北京：东方出版社，2019.3
ISBN 978-7-5060-9704-8

Ⅰ．①稻…　Ⅱ．①曹…　Ⅲ．①稻盛和夫（Kazuo,Inamori 1932- ）— 人生哲学 — 研究 ②王守仁（1472-1528）— 心学 — 研究　Ⅳ．① K833.135.38 ② B821 ③ B248.25

中国版本图书馆 CIP 数据核字（2019）第 027438 号

稻盛哲学与阳明心学
（DAOSHENG ZHEXUE YU YANGMING XINXUE）

作　　者：曹岫云
责任编辑：贺　方　王　萌
出　　版：东方出版社
发　　行：人民东方出版传媒有限公司
地　　址：北京市东城区东四十条 113 号
邮　　编：100007
印　　刷：鸿博昊天科技有限公司
版　　次：2019 年 3 月第 1 版
印　　次：2019 年 3 月第 1 次印刷
开　　本：880 毫米 ×1230 毫米　1/64
印　　张：3.75
字　　数：110 千字
书　　号：ISBN 978-7-5060-9704-8
定　　价：48.00 元
发行电话：（010）85924663　85924644　85924641

如有印装质量问题，我社负责调换，
请拨打电话：（010）85924602　85924603